# 现代英语教学与专业人才培养研究

刘琦 著

吉林出版集团股份有限公司
全国百佳图书出版单位

图书在版编目（CIP）数据

现代英语教学与专业人才培养研究/刘琦著. -- 长春：吉林出版集团股份有限公司, 2023.3
ISBN 978-7-5731-3154-6

Ⅰ. ①现… Ⅱ. ①刘… Ⅲ. ①英语—人才培养—研究—中国 Ⅳ. ①H31

中国国家版本馆CIP数据核字(2023)第057027号

## 现代英语教学与专业人才培养研究
XIANDAI YINGYU JIAOXUE YU ZHUANYE RENCAI PEIYANG YANJJIU

| 著　　者 | 刘　琦 |
|---|---|
| 责任编辑 | 宋巧玲 |
| 封面设计 | 王　哲 |
| 开　　本 | 710 mm × 1000mm　　1/16 |
| 字　　数 | 211千字 |
| 印　　张 | 11.5 |
| 定　　价 | 74.00元 |
| 版　　次 | 2024年1月第1版 |
| 印　　次 | 2024年1月第1次印刷 |
| 印　　刷 | 北京厚诚则铭印刷科技有限公司 |

| 出　　版 | 吉林出版集团股份有限公司 |
|---|---|
| 发　　行 | 吉林出版集团股份有限公司 |
| 地　　址 | 吉林省长春市福祉大路5788号 |
| 邮　　编 | 130000 |
| 电　　话 | 0431-81629968 |
| 邮　　箱 | 11915286@qq.com |
| 书　　号 | ISBN 978-7-5731-3154-6 |

版权所有　　翻印必究

# 前　言

英语是全国高校普遍开设的语言类基础课程。有关大学英语的各种学习技能，学生是通过学习实践获得的。这一阶段的学生已经具备一定的英语实践能力和意识，他们能够通过自己的英语能力展开相应的交流。现代英语教学不仅要培养学生的听、说、读、写等基本语言技能，还要培养他们的英语实际运用能力。在教学工作中，如何有效地开展英语教学工作，完善英语课程建设，培养高素质的专业人才，是当前英语教学要思考的问题。

本书在内容编排上共设置六章：第一章为英语教学的理论审视，内容包括英语教学的目标与原则、英语教学的要素与过程、英语教学的主体与教材；第二章从听力、口语、阅读、写作、翻译五个方面阐述英语教学的多元化内容；第三章重点分析英语教学的模式构建，内容涵盖英语教学中的网络教学模式、情感教学模式、分级教学模式、混合式教学模式；第四、第五、第六章分别对商务英语专业人才培养、英语专业复合型人才培养、基于课程思政的英语专业人才培养三个方面进行深入研究。

本着务实、求新与开拓的精神，全书对英语教学的理论、内容、模式分别做深入分析，既有英语教学的基础知识阐述，又有英语专业人才培养的创新探索，希望为推动英语教学的发展提供参考和借鉴。

在撰写本书的过程中，笔者得到了许多专家、学者的尽心指导与鼎力支持，并借鉴了许多专家、学者的研究成果，在此表示真挚的谢意。由于涵盖内容较多、篇幅有限、时间仓促以及笔者的能力局限性，尽管主观上尽了最大努力，但书中难免有疏漏之处，希望各位读者提出宝贵意见，以便笔者进行修改，从而使本书更加完善。

刘琦

2022 年 11 月

# 目 录

## 第一章　英语教学的理论审视…………………………………… 1
### 第一节　英语教学的目标与原则………………………………… 1
### 第二节　英语教学的要素与过程………………………………… 6
### 第三节　英语教学的主体与教材………………………………… 10

## 第二章　英语教学内容的多元化………………………………… 32
### 第一节　英语听力教学…………………………………………… 32
### 第二节　英语口语教学…………………………………………… 36
### 第三节　英语阅读教学…………………………………………… 37
### 第四节　英语写作教学…………………………………………… 39
### 第五节　英语翻译教学…………………………………………… 41

## 第三章　英语教学的模式构建…………………………………… 44
### 第一节　英语网络教学模式……………………………………… 44
### 第二节　英语情感教学模式……………………………………… 49
### 第三节　英语分级教学模式……………………………………… 52
### 第四节　英语混合式教学模式…………………………………… 66

## 第四章　商务英语专业人才培养………………………………… 101
### 第一节　商务英语人才培养的目标定位………………………… 101
### 第二节　商务英语人才培养的模式构建………………………… 110
### 第三节　商务英语人才培养的实现途径………………………… 127

## 第五章　英语专业复合型人才培养·······································129
### 第一节　英语专业复合型人才培养目标与层次定位·············129
### 第二节　英语专业复合型人才培养的策略···························130
### 第三节　新文科建设背景下的英语专业复合型人才培养·······131
### 第四节　应用型本科院校英语专业复合型人才培养模式·······135

## 第六章　基于课程思政的英语专业人才培养·······················138
### 第一节　课程思政的教学体系与实施·································138
### 第二节　课程思政与英语专业教学的融合··························151
### 第三节　基于课程思政的英语跨文化交际人才培养··············153
### 第四节　基于课程思政的英语专业人才培养策略··················169

## 参考文献············································································175

# 第一章　英语教学的理论审视

在新时代背景下，我们应及时创新英语课堂教学，改变以往单一的教学模式，激发学生学习英语的主动性和积极性，从而拓展他们的思维能力，全面深化学生的英语素养。本章围绕新时代英语教学的理论，重点探讨英语教学的目标与原则、要素与过程、主体与教材以及新时代英语教学的学科素养。

## 第一节　英语教学的目标与原则

### 一、英语教学的目标

#### （一）英语教学目标的设定

"英语是一门语言学科，是用来交流的工具，听、读、写三种能力是英语教学之中的主要形式。高校英语教学的目的，应该是使学生能够在未来的工作岗位上熟练地使用这门语言。"[①] 随着教育改革的发展，高校英语教学的目标逐渐变为以实用为主。为培养生产、技术、服务、管理等方面的人才，应将英语纳入语言应用的范畴。在英语教学过程中，学生应该有意识地运用英语交流，多用方能自如，通过连续的套用模拟，让学生在模拟—运用—拓展中找到语感，以后在相似的环境下即可自由切换，先找到语感，再完善细节，从而增强学生的自信心。

---

[①] 马丽. 高校英语教学目标中读听写的关系研究 [J]. 新教育时代电子杂志（教师版），2017（3）：33.

## （二）英语教学目标实现的原则

英语教学的基本原则需要反映语言学科的特点，还有符合学生学习的心理特征，掌握英语教学的具体原则，可以更好地实现英语教学目标，使教学质量得到较高的保证。

### 1. 以人为本的原则

在教育过程中，学生才是教学过程的主体，这可以被称为教育中的以人为本观念，或者以学生为中心原则。以学生为中心原则就是在教学的过程中以学生为主，根据每一个学生的不同情况制订不同的教学计划。学生的不同情况包括：学生的学习目标、学生的学习习惯、学生的学习兴趣、学生的学习困难等。因此，教师在制订学习计划的时候不能统一制订，而是要根据不同学生制订不同计划。教师这么做的目的也是为了让学生克服学习的畏难情绪，积极学习知识，从而形成良性循环。这种教学环境当中的学生，可以顺从自己的学习方式，以自我为学习的中心，拿出最大限度的精力和热情，更加积极主动地学习。

### 2. 兴趣性教学的原则

在英语教学过程中，兴趣是让学生高效率学习的内驱力。学生对于未知的领域天然抱有一种好奇心，教师应该充分利用他们的好奇心，引导他们以积极的态度探索英语学习领域，提高学生对于英语学习的兴趣。高校英语教学还应注重兴趣领域的影响原则，在学生感兴趣的情况下，充分调动学生的情感因素，让他们能够主动学习英语。以兴趣原则为指导的英语教学活动，可以从以下方面入手：

（1）充分了解学生的特点

教师应充分了解学生的特点，每个学生的性格都是不同的，因为各个学习因素的差别，每个学生的学习情况也就不一样。根据每个学生的不同来制订不一样的教学计划，在尊重学生的基础上，让学生自己对英语学习产生兴趣。学生感受到学习的乐趣之后，对于学习的热情就会高涨，主动学习成为学生的学习状态，学习的效率才会提升。

（2）改变教学方式和评价方式

在高校英语教学方式进行改革之后，高校英语的学习更多的是掌握英语技能，了解英语语言的内在逻辑，从而为未来的语言交流奠定基础。

（3）对教材进行深度挖掘

教材在教学中发挥着重要作用，教师和学生在课堂上都会以教材为基准，推进英语学习。教师对于教材，应该在课前就提前摸透，对教材中的难点、重点加以把握，还要尽量规避教材中枯燥的地方，以学生感兴趣的点作为讲解切入点，引起学生学习兴趣。

**3. 交际性教学的原则**

交际性原则与英语教学的最终目标一致，是高校英语教学的重要原则之一。交际性原则下的英语教学应注意以下几方面：

（1）重视使用交际工具

在现如今的社会中，英语作为国际通用语言，越来越受到重视，通过英语的使用达到跨文化交流的目的。高校英语教学就是为了让学生掌握这项技能，在国际交流中利用英语作为交际工具，进行沟通。因此，高校的英语教学应该以沟通为最终目的，以学生为教学中心，将英语的教学带入生活情境，课堂的教学也不能只停留在课本上，应该让学生了解到英语学习的重要性，找到学生的兴趣点，让学生主动学习英语，快乐地学习英语。

除了教学方法之外，教师的个人英语能力也应该不断提升，在课堂中多开展相关的英语活动。在活动中学习与交流，不仅可以提高学生的学习兴趣，也可以提高教师的教学能力，接受新鲜知识，提高自身素质。作为学生主要的英语交流环境，课堂的交流需要教师引导，还要积极参与。只有将英语的交流延伸到课下的情境中，语言才具有自己的生命力，教师应该鼓励学生在课堂下互相交流，用英语对话，给彼此创造学习环境。

（2）重视语言语境的影响

语境对学生的交际能力有很大的影响，教师应该注意在课堂创造良好的语境。尤其那些很常见的元素，即使它们使用相同的语言表达，在不同的交际语境之下，带来的交际效果也是大不相同的。在不同的情境下，让学生扮演不同的角色来进行英语对话，对学生的语言水平提升有很大的帮助，而且能增进师生之间的感情。

## 二、英语教学的原则

"英语教育应坚持实施多元化的教学策略，构建具有人文特色的文化教育体系，只有在英语教育中有意识地引入科学的文化评价机制，重视多元文化的发展，保持自身的文化独立性，才能真正建设一系列高标准的高校英语课程。"① 英语教学原则主要包含以下几方面：

## （一）灵活性原则

### 1. 学生学习的灵活性

教学方法和教学内容的灵活性可以有效地带动英语学习的灵活性。要努力改变以往单纯地死记硬背的机械性学习方法，帮助学生探索符合英语语言学习规律和符合学生生理、心理特点的自主性学习模式，使学生能够自我导向、自我激励、自我监控；静态、动态结合，基本功操练与自由练习结合，单项和综合练习结合。通过大量的实践，使学生具有良好的语音、语调、书写和拼读的基础，并能用英语表情达意，开展简单的交流活动，开发听、说、读、写综合运用的能力。

### 2. 教学方法的灵活性

英语教学包括语言知识和语言技能，语言知识包括语音、词汇、语法等内容，不同的语音、词汇、语法项目具有不同的特点；语言技能包括听、说、读、写四个方面，其中又包括许多微技能。学习者拥有个体差异，因此，在英语教学过程中，要综合学生、教学内容以及教师自身的特点，创造性地开展多种多样的教学活动，充分体现教学方法的多样性和创新性，使英语课堂新鲜有趣，从而激发学生学习英语的热情，挖掘学生的潜能。教学的内容也要体现多样性的原则，不仅要教英语，还要教学习方法等。

### 3. 语言使用的灵活性

英语学习的关键在于使用，教师要通过自身灵活地使用英语来带动和影响学生使用英语。教师应尽可能多地用英语组织教学、用英语讲解、用英语提问、用英语布置作业等，使学生感到他们所学的英语是活的语言。英语教学的过程不应只是学生听讲和做笔记的过程，而应是学生积极参与，运用英语来实现目标、达成愿望、体验成功、感受快乐的有意义的交际活动过程。另外，教师还可以通过灵活性的作业使学生灵活地使用英语，作业的布置应侧重实践能力，如可以让学生录制口头作业，或者轮流运用英语做值日报告、陈述和评议时事、新闻等。

---

① 陈思孜. 多元文化视域下高校英语教学理论与有效方法研究 [J]. 科教导刊（上旬），2021（3）：233.

## （二）交际性原则

语言是交际的工具，人们主要通过语言来交流思想、传递信息。交际是在特定语境中说话者和听话者、作者和读者之间的思想转换。由此可以得出以下启示：交际包括口语和书面语两种形式；交际总是发生在一定的语境之中；交际需要两个以上的人参与并产生互动。学习英语的首要目的就是使用英语进行交际，而英语教学的首要目标就在于培养学生的交际能力。交际能力的核心就是能够运用所学的语言知识在不同的场合与不同的对象进行有效的、得体的交际。因此，教师在英语教学中要贯彻交际性的原则，使学生能用所学的英语与人交流，要在教学过程中努力做到以下方面：

### 1. 充分认识英语课程的性质

英语课是一种技能培养型的课程，要把语言作为一种交际的工具来教、来学、来使用，而不是把教会学生一套语法规则和零碎的词语用法作为语言教学的最终目标，要使学生能用所学的语言与人交流、获取信息。在教学过程中，教、学、用三个方面构成一个有机的、相辅相成的统一体，其中的核心在于用。因此，教师转变以往陈旧的教学观念，认清课程的性质，是落实交际性原则首先需要解决的问题。

### 2. 注意培养学生语言使用的得体性

英语教学的首要目标在于培养学生进行有效交际的能力。根据交际性原则，学生要具备良好的交际能力，需要能够在适当的时间、适当的地点，以适当的方式向适当的人讲适当的话。教师应创设情境，开展多样的交际活动，如课堂游戏、讲故事、猜谜语、编对话、角色扮演、话剧表演、专题讨论或者辩论等。这些活动都有助于学生在创设的情境中充分表现自己，从而掌握地道的语言。

### 3. 英语课堂注意精讲多练

英语课堂上不外乎讲和练，讲是指讲授语言知识，练是指进行语言训练。在课堂上，适当地讲授一些语言知识是必要的，可以提高学习的效果。英语是一种技能，技能只有通过实际训练才能获得。因此，教师必须清楚，讲解的目的在于帮助学生更好地训练。在语言训练的过程中，要针对学生的具体问题给以"画龙点睛"式的点拨，这不仅有利于学生语言交际能力的培养，还有助于学生养成良好的学习与思维习惯。在进行必要的讲解之后，要给学生留出足够的训练时间。

### （三）输入与输出原则

输入是学生通过听和读接触英语语言材料，输出是学生通过说和写来进行表达。一方面，在人们学习英语的过程中，能理解的总是比能表达的要多；另一方面，语言输入的量越大，语言输出的能力就越强。有效的语言输入应具备以下几方面的特点：一是可理解性。如果学生不能理解所输入的语言，那么这些输入无异于噪声，是不能被接受的。二是趣味性或恰当性。所输入的语言材料还要使学习者感兴趣。要使学生对语言输入感兴趣，最好使他们意识不到自己是在学英语，把其注意力放在意义上。三是足够的输入量。要习得一个新句型需要数小时的泛读以及许多的讨论才能完成。教师在教学过程中应该注意以下几方面：

第一，尽可能多地让学生接触英语。要通过视、听和读等手段，多给学生可理解的语言输入，如声像材料的示范和贴近学生日常生活和学习、适合学生的英语水平、具有时代特色的读物等，教师应该打破课内外的界限，帮助学生扩大语言接触面。

第二，输入内容和输入形式的多样化。学生接触的英语既要有声的，又要有图像的，还要有文字的，而且语言的题材和体裁以及内容要广泛，来源要多样化。教师要注意根据上述语言输入分类，尽可能地为学生提供多种形式的输入。

第三，强调学生的理解能力。只要学生能理解的，就可以让他们听和读。而且，还可以只要求学生理解，而不必立刻要求他们用说和写的方式来表达。从教学目标而言，对语言技能应该有全面的要求，但是从教学的方法而言，应该先输入，后输出。

## 第二节 英语教学的要素与过程

### 一、英语教学的要素

培养大批既掌握丰富的专业知识，又具有较强的英语应用能力的高素质、高层次的人才，是高等教育的趋势，也是当今高校英语教学的主要课题。因此，搞好高校英语教学改革，要从以下三个要素着手，而且三者需形成良性互动。

## （一）课堂教学

教师必须充分重视和认识到课堂教学的重要性和必要性，必须全身心地投入，上好每一节课。因此，精心地设计好课堂教学方案，是至关重要的。教学的设计思想，必须体现培养和激发学生学习英语的"爱好"与"兴趣"。"爱好"与"兴趣"是产生学习毅力的源泉、动力和基石。教师要精心创设条件，激发学生的"爱好"与"兴趣"，这既是教师的责任，也是教师的义务。另外，教学要充分体现以学生为中心的理念。教师要按教材的单元章节安排好准备活动、听力演练、阅读演练、口语演练等；要营造广泛的学习空间和浓厚的趣味性氛围。教师要结合教材的主题思想设计出故事性强、趣味性浓的授课方法，激发学生勤于思考、勇于展示、善于参与。教师要经常组织丰富多彩的课堂及课后的班、组、团队活动，有计划、有针对性、主题明确地举办英语文娱活动，采取各种形式、多种措施为学生创设一种浓厚的语言环境。

教师应要求学生每学期用英文写出一篇文章，题目自定，体裁自选，形式不限，字数不得少于规定的下限。这种方式是可行的，它锻炼了学生的写作能力、语言组织运用能力、翻译能力等，使学生在时间充分又无压力的条件下去思考、选材、练习，最后取得学习的最佳效果。

## （二）英语教材

提高教学质量，教材是关键。一部好的英语教材，应突出以人为本、以学生为中心、培养学生理解运用能力的教学宗旨。当前教材的突出特点是：突破传统教材的模式，进行网络教学的新尝试；同步提供课本、光盘、网络课程，三者的同时推出，极大地促进了教学内容的拓展；有助于"教"与"学"观念的转化和方法的更新；发展了积极自主选择、活跃的参与式教学，激发了学生的学习兴趣和参与意识；极大地促进了教学模式的转变，使当前的英语教学呈现出前所未有的多样性。

优秀的英语教材应体现出与时俱进的时代精神，要具备新的体裁、新的思想、新的理念、新的知识、新的发明创造、新的科学技术。挑选教材要注意一个"新"字，即内容新、题材新、结构新，这是促使教学反映科技创新成果、语言发展进程的保障。

## （三）考核方式

考试是检验教学效果的一种手段，也是对教与学双边的一种评价手段。例如，举办大型考试，注重把英语能力的测试放在中心位置，可真正地起到导向作用。另外，英语教师在教学实践过程中，要围绕对学生能力培养这个中心环节，采取多种形式对英语学习情况进行考核，如课堂表现、课后作业、平时测验、班组作业、团队活动、演讲比赛、学期论文等均占一定比例，最后由这些项目成绩之和构成学生的总成绩。

## 二、英语教学的过程

### （一）教学过程的前提和基础

兴趣在英语教学中发挥着至关重要的作用。因此，教师应意识到兴趣的重要性，在教学中多借鉴优秀的教学方法唤醒学生的情感，激发学生英语学习的积极性，这样，学生就能更加自觉地进行英语学习。激发学生的兴趣可以通过以下方法实现：

#### 1. 深度挖掘英语教材

教材依然是教师开展教学活动的主要辅助性工具，教材中涉及丰富的、系统的知识。教师在备课过程中，要将教材中可以引起学生兴趣的内容挖掘出来，这样学生在学习时就能感受到无限乐趣，也就更加愿意学习。例如，教师可以为学生创设英语教学情境，将师生在日常生活中的问候对话搬到课堂上，使英语教学变得日常化，这些简单的、熟悉的对话能让学生产生共鸣，用英语来表述时也会相对容易一些。在熟悉的场景中开展英语对话，学生才能放松心态，其英语应用能力才会有所提高。

#### 2. 尊重学生主体地位

教师必须认清教育的本质，了解教育是一个主动的过程，同时教师也应该放下自己的固有姿态，认识到这样一个事实，那就是英语课堂的主体是学生，只有学生主动地、自觉地进行英语学习，英语教学才能取得不错的效果，而学生的英语学习能力才能有所提高。基于此，英语教师要在总结学生生理与心理特点的基础上，在剖析与遵循英语学习规律的前提下，采用多样的教学方法激发学生的兴趣，让学生主动学习，主动参与英语实践互动。

## （二）教学过程的系统性

英语教学本身就是一个复杂的系统，包含非常多的内容，因此，在教学过程中，教师要明白英语教学过程不是一蹴而就的，它需要循序渐进，只有从整体上出发，在把握系统性原则的基础上，才能保证英语教学的有序性。要遵循系统性，教师就需要做到以下几方面：

### 1. 系统安排学生的学习

学习活动虽然琐碎，但是若从宏观上而言，可以发现任何学习活动到最后都具有一定的系统性。因此，教师要帮助学生进行连贯的学习，让学生可以从系统的角度构建自己的英语知识结构体系。因为学生的学习意识与学习习惯养成并不容易，这就需要教师一定要有恒心，不仅在课上要时刻对学生的学习做出合理的安排，在课下也要对学生的学习做出恰当的安排。

### 2. 系统安排教学的内容

英语教学内容的安排并不是随意进行的，需要教师按计划进行。教材的编排从一开始就确立了其系统性，编排者在总结教学规律与学生学习规律的前提下编排教材，为教师与学生提供了一个鲜明的结构层次。换言之，教师根据目录结构编排内容，本身就遵循了一定的教学规律。在英语教学过程中，教师教授生词和新的语法，要逐步进行，由浅入深，教学内容的安排需要以教学的系统为指导，内容安排才会更加科学、合理。

## （三）教学过程的多样性

### 1. 教学模式多样

多媒体教学、翻转课堂教学、移动课堂教学等新的教学模式不断涌现，让英语课堂变得灵活多样。基于信息技术的教学模式在一定程度上拓展了英语教学的空间，教师借助互联网可以搜集到更多的教学资源。同时，这种教学模式还极大地改善了学生的学习情况，不仅丰富了学生的学习内容，最重要的是，还为学生提供了更加多样的学习形式。在互联网的支持下，学生的学习活动相对变得比较容易。教师利用互联网下载文字、音频、视频等资源，为学生营造一个多样的学习环境，通过对学生进行多感官刺激，让其找到自己喜欢的教学方法，从而调动其英语学习的热情。在新的教学模式下，学生在学习活动中的角色也发生了明显的变化，学生不仅是自身学习任务的设计者，而且是学习活动的合作者与评估者。

2. 教学评价多样

英语教学的评价要倡导多元评价，可将不同的评价方式进行整合，以实现评价的最优化。例如，可以将形成性评价与终结性评价结合起来。评价也应该有所侧重，要将文化知识及应用等相关内容纳入评价对象体系。需要注意的是，评价应该是从多个层面展开的，教师不是评价的唯一主体，学生也要参与评价，可以是对自我的评价，也可以是同伴之间的评价。学生之间的互评不仅能让学生通过他人角度了解自己的学习情况，而且能加强彼此之间的联系，维护关系的和谐。多种多样的评价方式可以让学生置身自由、和谐的学习氛围中。

英语考核形式也不应固定、单一，可以将开卷考试与闭卷考试结合起来，也可以采取笔试与面试相结合的方式。相对而言，面试可能要增加符合英语的特点，教师与学生可以面对面直接交流，但在实际评价过程中，这种方式很少为教师所使用。在评价方式上，教师要灵活选择，可以让学生进行个人阐述，也可以采取小组讨论的形式，或者可以采取答辩的方式，但无论使用哪一种方式，教师都要从学生的实际情况出发，在了解学生学习情况与个人特点的基础上选择适合的评价方式，以保证评价的科学性、合理性。

## 第三节　英语教学的主体与教材

### 一、英语教学的主体

#### （一）英语教学主体——教师角色与素养

1. 英语教师的角色

（1）英语教师是课程设计者

学生可以利用网络获得非常丰富的英语学习资源。首先，教师为了保证学生在规定时间内可以获取教学重点内容，要根据教学目标和教学内容进行合理统筹规划，例如，教师要在学习的方式和内容、课时的安排及教学进度，以及要达到的预期课程效果等方面进行教学设计。其次，教师在执行上述教学设计时，还要根据教学的实际需要和反馈信息，重新调整课程内容及学习方式。例如，教师可根据自己学生实际的学习情况，决定教学课程的学习时长等。最后，教师还要创设有益于学生的教学情境，为学生提供学习上的便利，使他们能够在最短的时间内找到所需要的信息，并充分利用获得的信息完成安排的学习任务。

（2）英语教师是技术驾驭者

教师熟悉先进的教育技术手段。作为一个适应现代教学教育发展要求的教师，就必须具有一定的信息文化水准，必须学会使用教学软件和在某个平台上制作课件，以及网页制作和对计算机资源的运用等。科学技术手段在教学领域的应用是十分复杂且具有极大挑战性的，教师既要意识到科学技术的重要性，同时也要明白网络并不是全能的。计算机网络不能完全代替教师，教师是真正能够使网络技术和先进的设备发挥作用的主体。计算机的更新总是需要教师去掌握，学生的学习活动也同样需要教师去引导。总而言之，教师熟练掌握现代化教学技术，其教学优势十分明显。同时，教师利用信息技术辅助教学是大势所趋，在未来的课堂教学过程中，掌握信息技术成为技术驾驭者，这是教师从事课堂教学的基本要求。

（3）英语教师是课堂引导者

当前，信息技术在英语教学和学习过程中的运用，打破了英语教师仅限于课本的阅读和语法的教学，学生在英语教师的指导下掌握有限的书本知识，并且可以通过丰富的网络资源主动获取相关知识，在这个过程中，不断地学习思考并且提出各种各样的问题。同时，在信息技术的影响下，英语教师讲学的内容势必会大量减少，教师需要及时改变教学方法，建构启发式教学，突出学生的主体作用，成为学生课堂学习的引导者以及促进者。英语教师角色的转变主要体现在：第一，教师要引导学生确定适当的英语学习目标，并找出达到此目标的最佳解决方法。第二，在课堂上，教师要创造良好的英语学习环境，激发学生的学习兴趣。第三，引导学生养成高尚的道德、健康的心理、完善的人格等优秀的品质，具备区分好坏信息的能力，抵制网络带来的消极影响。在引导的过程中，教师与学生的心理因此得到了沟通，营造出了较为和谐的教学氛围，为学生自主发展提供了无限的空间。第四，引导学生养成良好的英语学习习惯。第五，教师要引导学生学会在网上找寻需要的信息并利用这些信息完成英语学习的任务，同时及时地帮助学生解决学习中遇到的困难。

（4）英语教师是学生学习方法的给予者

未来的教育需要教师培养学生的三种能力，即生存能力、学习能力以及创造能力。如今社会的信息传播呈现发散、快速的特点，实践教育以及创新教育是当代大学素质教育的两大重要内容，教师面临的教学难点不再局限于传授知识，更多的是培养学生学会获取信息、创新信息的能力。教师应该充分尊重学生个人的个性特点来制订他们的教学计划，帮助他们找到合适自己的学习方法。

## 2. 英语教师的素养

（1）英语教师的职业道德素养

第一，英语教师职业道德的主要特征。首先，示范性特征。教师职业是一种道德服务，教师本身的人格、道德修养就是一种教育力量，英语教师的言行举止和思想道德观念，对学生、对社会都有示范作用，学生必然会受其影响。大学英语教师的师德具有教育人、感化人的作用。无论是教师个人的道德品质，还是教师的集体风貌，都具有独特的示范性。教师不仅要用渊博的学识教育人，还要用高尚的人格感染人，努力使自己成为学生直接模仿的典型，对学生的学习和成长起到示范作用，成为学生的引路者。总体而言，示范性是教师师德的重要体现方面。高校学生处于人生的关键期，英语教师要更加重视自己的言行举止，以对学生产生更加正面、积极向上的影响，使其自觉学习好的行为举止和处事方式，从而为学生今后的发展奠定良好的基础。

其次，深远性特征。如果一位教师拥有崇高的职业道德，散发着人格魅力，那么他将成为强有力的教育力量和榜样，对学生的成长产生深远的影响，甚至影响到他们对人生道路的选择。就影响广度而言，英语教师的道德不仅会影响在校学生，还会通过学生影响到学生的家庭，并通过家庭延伸到周围社区甚至整个社会。从影响深度而言，英语教师的道德在教育过程中不仅作用于学生的感官，还会深入学生的心灵，影响并塑造学生的品质；不仅影响学生在校时期的成长，还会影响他的一生，进而影响整个社会的发展。尤其是对学生而言，这种影响会延伸到他学习、生活的各个方面，因为一个人的思想观念一旦受到影响，那么他随之产生的行为也会发生变化。

英语教师师德的影响深入学生的心灵，影响学生的未来，甚至影响学生的一生。这种影响具有潜在性，它所产生的效果不一定立竿见影，往往具有迟效性和后显性。

最后，自觉性特征。教师是以个体的脑力劳动作为主要的劳动方式，这一劳动方式具有独立性、灵活性和自主性的特点。英语教师的许多工作，诸如精心备课、认真批改作业、平等友爱地尊重并教育学生、真诚有效地与家长沟通等，都是处于无人监督的情况下，需要教师自觉地完成。此外，教师对学生的教育和影响并不仅仅局限在课堂和学校，在任何时间、任何地点，教师都会自觉或不自觉地对学生产生影响，这种劳动时间和劳动空间的灵活性，要求教师在遵守职业道德方面具有高度的自觉性。总而言之，师德的高度自觉性对学生成长的影响至关重要。

基于教师责任的重大及其劳动的特殊性，教师师德对教师自觉性的要求就提高了，教师个人基于教育理念，往往对自身也有较高的要求。

第二，英语教师职业道德的影响范畴。首先，教师义务。教师义务是教师职业道德系统中的第一大范畴，它指教师应当履行的职责、应该担负的使命、必须完成的任务。无论从事任何职业，责任与担当始终是第一位的。从业者唯有明确自身义务，职业工作才有方向，职业活动才有目标，职业行为才有保障。英语教师的义务是教师从事教育工作及相关活动的准则和方向。教师不只要明确其义务所在，更要自觉主动地履行其义务、实践其担当。从教者不应把教师义务当作负担，不宜迫于教师义务而行动，而应积极作为、敢于承担，始终出于教师义务而展开化育人才的实践。

其次，教师责任心。教师责任心是教师职业道德系统中颇为重要的范畴，它指教师在教育行为及相关活动中所产生的道德信念、道德意愿、道德理性、道德认知、道德情感、道德意志等融贯而成的综合的道德意识。如果说教师义务偏重于教师职业道德的客观方面，教师责任心主要涉及教师职业道德在教师个体主观方面的体现。具体而言，英语教师的责任着重体现在：有明确而坚定的教育理想和教育信念；重视教育，热爱教育，乐于施教，诲人不倦；对教师职业道德的自觉领会与认同；有强烈的教师职业使命感与责任感，以及从事教育工作的荣誉感与幸福感；关爱学生，尊重学生，公平正直地对待学生；自觉履行教师义务，自觉实践教师职业道德规范，自主创造良善教育，自由实现自我价值。教师责任心充分体现了教师的主体性与能动性，显明了教师职业行为的内在驱动机制，也反映了教育活动自觉自主的一面。

教师责任心贯穿于教师职业行为的始终，对教师的教育行为、教育活动具有十分重要的作用：一是英语教师责任心是教师开展教育工作的内生动力。英语教师在职业活动中的自觉性、自主性、创造性，往往依赖于教师责任心的运作。二是教师责任心对教师行为的抉择具有范导作用。英语教师出于何种动机而施教，选择什么样的行为来育人，教师责任心对此发挥着重要的规范和导向功能。三是教师责任心对教师行为的实施能起到自觉监管的作用。当具体的教师行为合乎教师职业道德的规范和要求时，教师责任心会予以激励和强化，而当具体的教师行为与教师职业道德的规范和要求不一致时，教师责任心会予以反省并加以纠正。四是教师责任心对已经发生的教师行为具有内在省察的作用，而一旦省察到其教育行为违背了师德，则会进行自我谴责，产生内疚、后悔、惭愧、不安等负面的道德情感。因而，教师责任心是教师从事教育工作的最强内在精神支撑，是教师进行职业道德修养的原动力。

再次，教师公正。教师公正是教师职业道德系统中的又一重要范畴，它指教师在教育活动中公平正直，平等地对待学生。公而无私，平而不偏，正而不邪，直而不曲，合乎人之常情而又本于人之常理，乃教师职业行为的基本准则。英语教师公正不仅要求教师公平正直地对待和评价学生、合作者及自我，而且要求社会公道平等地对待和评价教师群体，它是教师在其职业活动中处理各种人际关系和应对各种事务的一条根本原则，也是教师合情合理地评定自我和安顿自身的重要依据。具体而言，教师公正主要体现在四个方面，见表1-1。

最后，教师威信和荣誉。教师威信是教师职业道德系统中不可或缺的元素，它指教师在学生、家长、同事及相关社会人士中的威望和信誉。由于英语教师威信直接反映并集中体现了他们在学生和教师集体中的地位和影响力，所以它在整个教育过程中发挥着颇为重要的作用。英语教师威信事关正常的教育教学活动能否顺利展开，直接影响着教书育人实践的成效，关系到教师是否有足够的精神动力开展教育教学活动。一位具有良好威信的教师，往往受到学生的尊敬与爱戴，得到同事的肯定与信任，进而也会获得社会各界的认可与赞许。这样的教师在教育工作中拥有强烈的获得感、存在感、成就感和幸福感，从而能够积极昂扬地、卓有成效地开展各项教育教学活动。反之，若一位教师缺乏应有的威信，则不仅难以有效履行其职责、完成其教书育人的任务，而且无法在教育系统中安身立足。

表 1-1 教师公正体系

| 主要方面 | 具体内容 |
| --- | --- |
| 公正合理地对待所有学生 | 公正合理地对待所有学生，这需要教师做到一视同仁地关爱学生、有教无类地化育学生、实事求是地赏罚学生，并尊重学生个性与差异地因材施教 |
| 公正合理地对待所有合作者 | 无论是面对家长、同事，还是面对其他有关社会人士，教师都不能以个人好恶作为对待和评价他人的标准，而应当做到大公至正、同等相待、不偏不倚，如此才能为学生创造良好的成长环境 |
| 公正合理地对待自己 | 教师大公无私、甘于奉献、敢于牺牲，是其自我的选择，难能可贵。英语教师在甘愿奉献与牺牲的同时，应当尽力维护其尊严与荣誉，也需积极争取正当权益。如此才能实现其对自身的公正，从而回归到正常、健全的教育生态 |
| 公正合理地对待教师职业和教师身份 | 社会各界应准确、恰当、合理地定位和看待教师职业和教师身份，既不能贬低教师的地位和作用，也不能高估其能力与价值，或者对其有过高的期待和要求。此外，教师公正还深层次地体现在追求公平、公正的教育理念和教育目标上 |

一名教师如何才能树立起威信，这并不取决于教师的年龄、地位、权力、物质条件和各种资源优势，而是受到教师的品德、智慧、思想、学识、能力等因素的影响。教师如欲获得让学生、家长、同事及社会各界心服口服的威信，则应当具有良好的品行、独立的思想、扎实的学识、优异的能力以及化育人才的智慧。其中思想品德和职业能力是建构教师威信的根本性因素。

所谓教师荣誉，也是教师职业体系中的基本范畴，它指社会和他人对教师职业、教师身份及教师在教育工作中之良善表现与作为的积极肯定，以及教师自身对所从事的教育工作、所担任的师者角色、所做出的育人事迹、所创造的教育价值的自我认同和自我满足。英语教师荣誉植根于教师职业活动触及的多重关系，如教师与自我的关系、教师与学生的关系、教师与家长的关系、教师与同事的关系、教师与其他社会成员的关系等。脱离了这些关系，教师荣誉便无建基之地，这也就意味着，英语教师荣誉乃教师自我与教师之外的他者对教师职业、教师身份、教育工作、育人事迹等进行综合评价的产物。教师以教书育人、培养人才为己任，以甘当人梯、愿为红烛而感到自豪，以桃李满天下、人才遍四方而自觉光荣，这都是教师荣誉的重要表现。教师荣誉有助于促进教师更好地担负起教育使命、履行好教师职责，有利于激励教师不断积极向上、奋发有为，有益于推动教师发挥最大的潜能，也能够帮助教师时刻省察自身的施教行为并予以不断改进。

  作为一名英语教师，应当以教师职业为荣，以教师身份为荣，以从事教育工作为荣，以培养人才为荣。如此才有可能最大限度地实现其价值，并在教育活动中获得充分的认同感、满足感和存在感。不仅如此，整个社会也应当视教育者、教育事业为荣耀，这样才意味着对教育的普遍重视，才能推动教育事业的持续发展。

  第三，英语教师职业道德的重要意义。教育不仅对文明发展和传承有重要意义，还对社会和个人的存在与发展起着关键性的作用。一个社会得以形成，社会成员必须愿意和能够遵守社会规范才有可能，而这又要求通过教育的过程把社会的价值和规则传递给社会成员。人之为人是后天"教化"的结果。教化包含两个部分，即教和化，教只是表面上的知识传递，化才是把所教内容内化为自己的一部分。每个人从一个生物意义上的人成为一个社会的文明人，这都是在教育的帮助下实现的。承担教育的教师是完成教育使命的执行者、推动者和创造者，教师的个人素质直接影响教育使命的完成情况，该素质包括能力、个性、品位、思想观念等，其中最为关键的是教师的道德水平和价值立场。

  英语教师道德水平的高低直接影响教育效果，所以师德是决定一个教师是否配称为教师的根本标准，是决定一个学生在校环境的根本因素，是决定教育活动达到预期效果的内在动力。把师德问题提升至教育活动的首要问题是教育发展的必然要求，也是事关教师、学生和社会切身利益的根本问题之一。

  首先，师德是教师立身之本。师德是教师从事教育工作的道德前提和价值要求。相较于社会其他职业，教师的工作具有独特性，工作范围既清晰又模糊，工作任务既明确又广泛，工作成效既及时又长远。这是因为教师所承担的任务是为社会培养人才。教师培养人不仅仅是让学生掌握某种知识或某方面的技能，而且要培养国家发展和民族未来的承担者，这必然要求其具备全方位的素质和能力，而最主要的是道德素质。如果所培养的人在遵守社会规范和道德要求上有缺陷，非但不能令其成为社会的建设者，反而有可能成为破坏者，这就要求教师本人的道德水平是高的，道德立场是正确的，道德情感是饱满的，道德动力是充足的，道德意志是坚定的。

师德是教师工作的动力源泉。师德是教师完成好教育工作最稳定、最持久和最高尚的动力。师德是教师辛勤工作最持久的动力。具体而言，英语教师所承担的工作事项繁杂，包括上课讲学、日常管理、后勤服务、关爱学生、沟通家长、社会服务等，教师所面对的每一项工作都千头万绪。更为关键的是完成好每一项工作所要求的不仅仅是能力，还要求健康的态度和充足的热情，否则就会影响工作的效果和工作的动力。而这当然要求教师具有师德，持之以恒地完成好各项工作。

师德是英语教师处理难题最坚定的动力。教师在从事教育工作过程中，难免会遇到各种问题，例如，课堂秩序问题、学生纪律问题、教学效果问题等，在职业发展中遇到的成就认可问题、职称评定问题、与同事或家长沟通问题、职业倦怠问题等，这些问题都是教师容易遇到的，如果仅从客观激励或成果回报等方面来寻求走出困境的动力，都是难以保证的，而只有教师基于自己的师德立场，把热爱教育、为国育才、关爱学生、奉献社会等师德观作为自己的动机，才能在面临各种困难时欣然从容。师德是教师乐教爱教最纯粹的动力。

英语教师从事教育行业的原因和动机多种多样，如在父母劝说下进入教育行业，在考虑自身专业特长优势情况下选择教育职业，在追求自身价值实现的目的驱动下踏入教育行业等。而只有把师德作为自己从事教育工作的动力，才能摆脱工作动力对外在因素的依赖，让自己能够全身心地奉献于教育工作。

另外，师德是英语教师身份认同的内在因素。师德是教师在从事教书育人过程中形成教师身份认同最核心的因素。师德是教师形成职业认同的基础。英语教师虽然属于社会职业中的一种，但是教师和其他职业相比，具有自身的职业特色和道德要求。教师绝不只是一个身份标记，更是一个不断成长与完善的过程，在这一过程中，需要承担各种与教学或学生相关的事务，所有的事务都要求教师具有较高的师德水平。

师德是教师形成社会形象认同的前提。英语教师相比其他职业，在社会大众的印象中往往呈现的是一种正面形象，这一正面形象不仅是因为教师的工作成就，更因为教师在为社会和国家培养人才过程中所展现的奉献精神和形成的道德榜样，由此使社会公众对教师的道德要求相对更高一些。如果英语教师自身未对教师的这种社会形象有充分的理解和认同，就会容易对自己形成道德压力。英语教师若从师德角度来理解教师职业的特殊性和其社会地位的形成机制，就会认同教师的这一社会形象，把社会对自己的期待和要求变成自己对自己的期待和要求。

师德是教师建立成就认同的基石。教师的成就表现为教育工作的成效，包括培养优秀人才、获得单位嘉奖、赢得家长和社会认可等。但是，很多时候教师的工作并不一定会立马有成效和回报，教师在面对自己大量付出不一定有相应回报甚至无回报的情况，若用客观的评估标准来衡量自己的贡献，就很容易出现辛勤付出却被忽视的情况。因此，英语教师应该从师德的角度来看待自己的工作成效与贡献，应以实际帮助学生的学习和成长为最终依归。

师德也是教师人生幸福的价值保障。每个人的人生目标应该是指向幸福的，每个人都有权利去追求幸福，教师也不例外。教师在辛勤奉献的同时，也应当获得某种形式的回报。教师作为生活于现实条件中的普通人，需要承担自己的家庭责任和社会责任，有追求自己幸福的权利。因此，教师有权利要求在奉献之余获得某种形式的回报，这就是感性的幸福。回报又可以分为物质回报和精神回报，前者指工资及其他物质福利等，后者指晋升机会、组织嘉奖、职业荣誉等，这些都是教师在工作之中有权利获得的。

需要注意的是，在现实情况中，教师所能得到的回报并不一定令人满意，例如，所付出的努力不一定符合组织嘉奖的条件或指标，或者因一些其他原因无法及时被肯定和表彰等，这些都是有可能发生的，英语教师的幸福若是完全寄托在这些内容上面，很容易出现幸福难得的窘境。但是，人生除了感性的幸福之外还有另一种幸福，即道德幸福，道德幸福是因为自己履行了道德的使命而感到幸福，简而言之，就是为了实现他人的幸福而感到幸福，前提是自己只出于履行道德义务的动机而非其他。教师承担的所有工作都朝向一个共同的目的，通过提升学生的综合素质来帮助学生获得人生幸福。总而言之，英语教师奉献的动机不应该是从学生那里获得某种回报，而应该是看到自己培养的学生不断走向成功的人生而感到幸福，这种因师德带来的幸福才是持久的、可靠的、高尚的和纯粹的。

其次，师德是学生成才之依。师德是学生在学习、成长、成才过程中不发生方向偏差、不出现学无所成情况的重要保障。在教育活动过程中，学生相对来说处于被动的地位,因为学生的主要使命是学习,即习得各种文化知识、价值观念和实践技能,他所学的重要来源之一就是教师。换言之,英语教师在很大程度上影响了学生的学习范围、程度和方向。学生作为知识的接受者,对教师所传递的知识、观念和价值往往缺乏辨别力,年龄越小越容易受教师影响,这并不是因为学生的能力和态度问题,而是因为学生所学内容还缺乏社会实践的检验或与其他知识的比较,往往导致教师教授哪些内容,或者教师以怎样的方式身体力行,都会直接或间接地被学生所接受。

如果教师师德存在瑕疵,例如,态度不端正、知识陈旧或错误等,必然会直接影响学生的学习效果,甚至影响学生的"三观"和理想信念。英语教师个人的道德品质与学生的成长直接相关,教师希望培养何种学生、培养学生的何种素质以及为谁培养学生,不同师德立场的人所得到的答案是不一样的。因此,学生的成才之路需要有高尚师德的教师来引领,让学生朝着更加正确、有效和光明的方向进步。

最后,师德是教育向善之基。教育的使命之一就是培养更好融入社会共同体的成员。简单而言,教育的内容就是传递知识和传递价值,在两者之间价值更为根本,因为价值是人生存活动的依据和目的,人类追求知识本质上还是为了追求价值,所以教育在求真、向善和爱美之中,最为根本的是向善。在古今中外的教育发展史中,教育的向善维度也是教育思想家最为重视的,如孔子、柏拉图、亚里士多德、洛克、卢梭、夸美纽斯、蔡元培、陶行知、杜威等都非常重视教育的向善价值。只有通过教育的向善性引导学生向善,才能在学生的心中播下善的种子。学生在对善良、正义、公平、伟大有清晰的认知之前,需要教师向学生传递正确的理解和含义。教师需要让学生明白哪些是值得表扬的行为,哪些是应该谴责的行为,哪些是值得效仿的行为,哪些是必须警惕的行为,这便是教育的最高使命,培养人先是教会做人然后是做事,在做事中学会做人,只有把做一个向善之人作为教育的本义,教育才能发挥文明基石的作用。而教育要完成这一使命的前提是教师的师德水平和立场,只有向善之师才能进行向善教育,才能培育向善之才。师德是教育向善之基的具体表现见表1-2。

表 1-2 师德是教育向善之基的表现

| 主要表现 | 具体内容 |
| --- | --- |
| 师德唤起向善本性 | 师德通过教师的道德授教和言传身教，让学生逐渐发现自身所蕴藏的向善本性。每个人都有向善的本性，是指每个人都有接受和施行善的可能性。正因为它只是一种存在于每个人身上的可能性而不是现实性，所以需要外在的条件或力量让它实现出来。这种条件首先是认识，需要通过知识的方式认识到善，因为不是每个人生下来就知道什么是善的。从教育心理学角度而言，学生对善的了解是逐步发生的，不同年龄段的学生对善的理解程度有差别，其中最为关键的就是引导因素。学生在未对善恶有清晰的概念之前，任何立场的观念都可能占据学生的心灵，将学生身上向善的本性唤起，需要教师自己具备向善之心和向善之知。简而言之，有师德的教师才能真正唤起学生的向善本性，因为唤醒学生的向善本性不是通过空洞的说辞来解释何为善，而是需要情境性地描绘何种行为是正直的、勇敢的、公平的、智慧的，需要教师具有正确的道德认知和真诚的道德认同，否则很难激起学生的道德情感和道德想象 |
| 师德指导向善行为 | 师德是指导学生理解、认同和践行向善行为的价值导向。师德保障学生能够理解和认知善的行为。学生在校期间的重要任务除了学习文化知识之外，还需要学习道德规范知识，只有了解基本的道德规范，才能知道自己的行为是否合乎道德。但是，一般而言，学生对道德规范的认识是模糊的，虽然学校也会以各种方式来向学生解释、展示道德规范，例如，事迹报告、参观学习、课外阅读等，但是这些道德规范的示范方式依然是不够的，需要学生根据自己的生活体会来正确理解。而教师在让学生正确理解和把握道德规范时，自身的道德水平和立场极为关键，所有的道德理解都需要基于自己的道德实践和道德认同，教师只有自身具有丰富的师德经历和高尚的师德水平，才能让学生更好地理解和把握道德规范<br>师德是学生认同向善行为的价值保障。教师向学生传达道德知识和规范，其效果如何并不完全取决于教师的表达能力和讲解水平，更为重要的是教师自身的道德体验和道德实践。只有通过自身亲历亲为的道德实践经验来表达对道德的理解，才能让学生切身地感受到道德的力量和影响。向学生传达道德知识和规范，并不仅仅是为了让学生形成正确的道德理解，也是为了让学生能够认同道德规范，把道德规范作为自己的行动原则，让自己成为一个有较高道德水平的人<br>师德是促使学生践行向善行为的推动力。向学生传递正确的道德知识和规范，最终目的还是让学生能够践行正确的道德规范和价值，但是通过教师的"言传"所达到的效果，不一定比得上教师"身教"的方式。对于高校学生而言，最直观的道德说教方式就是树立榜样，只要道德授教者本人是一个道德模范，就会对学生的道德实践起到事半功倍的效果，所以教师自身的道德修养和道德事迹对于促进学生践行向善行为是非常重要的 |

续表

| 主要表现 | 具体内容 |
| --- | --- |
| 师德助力向善社会 | 师德对于社会不断向善具有重要的示范作用和推动作用。首先，拥有高尚师德的教师为社会培养德才兼备的人才。教师对社会的最大贡献之一无疑是培养人才，但是培养何种人才对社会的影响是不一样的，如果仅仅丰富学生的科学文化知识而忽视其道德水平的提高，那就可能培育出有才无德的学生，其步入社会便会带来负面影响。具有高尚师德的英语教师不会只注重学生的成绩，而会全方位地关注学生的综合素质和成长状况，尤其是学生的道德水平，只有培养德才兼备的学生才能真正造福于社会<br>其次，拥有高尚师德的教师为社会树立道德榜样。具有高尚师德的英语教师本人必然会有许多感人至深的师德事迹，这也是社会长期以来对教师的道德期待。社会经常会把教师的师德事迹当作道德模范来进行宣传，号召社会成员能够效仿和传承有德之师的道德理念和价值，例如，相关部门会宣传"最美教师""师德标兵""师德先进个人"等各种师德模范，这都有助于社会以拥有高尚师德的教师为榜样，不断提升社会的道德水平<br>最后，拥有高尚师德的英语教师需要对社会不良现象予以针砭。拥有高尚师德的教师必然会对社会的动态保持应有的关注和关怀，这既是为了让自己以更贴近现实的方式来教书育人，同时也是展现自己的社会责任感、正义感，对社会不良的现象、行为和风气进行建设性的批评，对社会积极正面的事件、行为和事迹表达赞赏和认可。总而言之，有德之师能以自己特有的方式促进社会向善发展 |

（2）英语教师的网络信息素养

第一，英语教师应具备的信息意识。英语教师的信息意识是指工作者对信息是否具有敏锐的感受力、持久的关注力。简言之，信息意识就是信息敏感程度，也就是能否看到信息，了解其背后的内涵，发现其与我们生活、教学中的关联点，并且持续对其保持关注。信息意识其实就是当我们面对不懂的东西、面对我们日常生活中需要解决的问题时，能否积极地、主动地去信息海洋中寻找答案，并且知道用怎样的方法、在哪里可以获得我们想要的内容。当处于被动接收状态时，我们缺乏对信息的内在需求，而只是一味地、本能地接收信息，对信息并没有进行积极的、主动的处理和加工，这样就使人们对信息的处理效率降低，也难以从已有信息中提炼出新的观点和有价值的内容。处于自觉活跃状态时，对信息会非常敏感，对信息的内涵挖掘也会很深入，当面对一些需要解决的问题时，也可以积极主动地去信息中获取我们所需要的知识。信息流的不同意识形态使我们有不同的行为意识，但是，信息意识也不是静态的，当意识到自己的信息意识处于被动接收状态时，也可以通过有意注意等后期调整来改变和提升自己的信息意识。

首先，信息意识的内容。具体如下：能够认识到信息在信息时代的重要作用。随着时代的发展，许多新兴的概念和信息在快速地发展着，英语教师要在这样的背景中意识到这些信息和概念在当今这样一个信息时代是具有非常重要的作用的。英语教师在新媒体时代要时时持有终身学习、勇于创新、尊重知识、注重版权的观念。

对信息有积极的内在需求。每个人在不同的情境下处于不同的角色中，有着不同的信息需求。当自己是一个新手父母时，可能需要寻求一些育儿信息；当自己作为一名英语教师在备课的时候，需要寻求相关知识内容的信息，在对学生进行心理辅导时，需要学生心理发展和调节的相关信息，关键就在于对信息是有积极的内在需求的。

对信息的敏感性和洞察力。如果要对信息保持敏感性和洞察力，英语教师需要：能迅速地发现信息背后的含义，有效地掌握最具有价值的信息；善于从微不足道的信息中发现隐藏的含义和价值；善于辨别信息的真实性和可靠性，以判断自己是否可以使用；善于将信息中所表述的内容与自己的实际生活、教学迅速联系起来；善于从各类信息中找出解决问题的关键信息。

其次，加强英语教师信息意识的建议。持久地、有意识地涉猎不同领域的信息。新媒体时代，英语教师可以在日常生活中有意识地接触不同领域的信息，以增强自己对不同信息的接收力和敏感性。对不同领域信息的捕捉和分析，可以帮助英语教师快速地掌握信息，即使是自己不擅长的领域，虽然信息有内容的领域之分，但是对信息的理解力没有领域之分。同时对信息要具有持久的注意力，这种持续的信息关注会成为一种习惯性的倾向，无论在何时、何地，都可以保持对信息的关注，无论是学校的还是社会的、专业的还是非专业的、与教学有关的还是与学生学习有关的信息，英语教师都需要了解，并且与自己目前所关注和要解决的问题联系起来，从而更好地工作和生活，自身也能成为头脑敏捷，善于捕捉、发掘信息并善于创新的"信息人"。

运用多种方法记录自己对信息的想法。英语教师还可以通过记录自己对信息的分析和想法，不断拓展自己对信息的联想力，同时作为自己的一个信息库，可以在写报告、进行英语备课时翻出来查阅，作为资源库的补充。当前，英语教师都是通过电子设备进行数字化信息阅读的，也可以利用多种信息化方法来记录自己的想法和信息。例如，可以利用手机备忘录、Word 文档等文本记录工具来记录，用表格的形式来记录会更加清晰；可以选择思维导图等知识建构的软件生成自己的可视化信息库，思维导图可以帮助我们更加清晰地看到各个信息之间的联系，并且帮助我们拓展思维。不管运用何种方式来记录想法，这都会成为今后的动态资源库，也会帮助英语教师不断加强自己的信息意识。

运用理性和感性并存的科学辩证视角分析信息。英语教师可以通过对信息的发散性分析，认识到信息的重要性，提升英语教师的信息敏感度，增强信息意识。当看到一个信息时，不能只感性地看到事件中所传递出的人文信息，还要评判信息的好坏，同时要结合理性的思维去思考：为何会发生这样的事情，这样的事情代表了社会中的哪些现象，这件事情未来的走向是怎样的等。英语教师要结合感性知觉和理性思考深度辩证地看待信息，并且联系到自己，想想对自身的意义和价值是怎样的。

第二，英语教师信息技术工具运用。

首先，新媒体时代中信息技术的优势。丰富的信息表现：新媒体时代，技术的介入使原本枯燥抽象的知识"活"了起来，文字、图片、动画、视频、声音、虚拟环境等其中一种形式或几种形式的组合，让知识拥有了更多的表现形式，调动了学生视觉、听觉、嗅觉、触觉等多种感官，有利于吸引学生的注意力。例如，近年来被教育工作者广泛应用的微课，以其"短小精悍"的特点被人们所熟知。英语教师借助微课将抽象枯燥的知识生动、形象地展示出来，营造有趣味、有探究性的环境，激发学生的学习兴趣。然而英语教师要想自己制作一节微课确实不是一件容易的事情，需要借助文档编辑、视音频录制与剪辑、动画制作等一系列软件工具。

情境化的探究拓展。随着教育研究工作的深入，人们对教育的认识逐渐趋于理性化，在一次次的课程改革、教学大纲改革中开始意识到以往"教师讲，学生听""黑板＋粉笔"的常规教学模式已经不能满足学生的学习需求，需要增强课堂的生活性、情境性、趣味性。这时，技术就发挥出了自身的优势，为英语教师提供了新思路。

学习数据的精准分析。学生在学习英语的过程中会产生一定的数据，如各阶段考试成绩、每日作业完成情况、学生学习活动记录等。在以往的教学中，这些过程性的数据常常被忽视，英语教师将更多的注意力放在了学生期中、期末的考试成绩上。此外，在大班化教学中，英语教师一人要面对三四十名学生，甚至更多，英语教师要想面面俱到，给每个人都提供个性化、有针对性的教学，显然是有困难的。新媒体时代，技术的优势则在于能够处理人工无法完成的海量数据，实现高效的数据采集、结构化的存储及精准客观的分析。在现代化教学工作中，技术工具的使用使个性化、精准化教学得以实现，英语教师借助数据分析工具中强大的信息管理资源库为每一位学生建立学习成长档案袋，记录学习过程中的点点滴滴。

增强课堂师生互动。师生互动是课堂教学的重要组成部分，良好的师生互动有助于增强课堂的学习氛围。一般而言，互动由英语教师发起，之后英语教师邀请学生回答问题，协助教育工作者完成某一活动、上台展示或是进行小组合作等。这些互动形式在现实课堂教学中十分常见，英语教师采用起来也得心应手，然而当真正走进课堂时，就会发现，这样常规的师生互动对学生而言似乎缺乏"新鲜感"，并不能有效地调动他们的积极性。新媒体时代，技术工具的介入则可以为英语教师开展师生互动提供新方式，市面上存在各种各样的互动工具，如由抽奖装置改造而成的随机点名工具、由视频弹幕互动演变而来的课堂弹幕互动工具等，这样的新型互动方式对学生来说充满着神秘感，他们会带着强烈的好奇心积极地参与到互动中。

虚拟社区的分享参与。科技的飞速发展打破了物理时间和空间的限制，学习者不必被局限在严肃的课堂中，在规定的时间段内集中接受学校教育，越来越多的人开始选择在互联网上学习知识。在虚拟的学习环境中，学习者根据学习兴趣、所学课程、个人喜好自行组成学习小组或学习社区，通过电子邮件、视频会议、论坛、腾讯QQ群组、微信群聊等形式进行有效的资源共享与信息交流。在虚拟社区中，每一个成员既是知识的拥有者，又是知识的需求者，通过彼此的互动交流实现知识的共享。

促进英语教师专业发展。当前是一个信息化、网络化的时代，科技的迅速发展使各行各业都开始转变，教育领域也不例外。在教育朝着信息化方向发展的过程中，英语教师面临前所未有的挑战，英语教师不仅要更新自身的教学观念，还要掌握必备的技术能力，例如，学习使用各种先进的软件技术，摸索出一种能够很好地将技术与英语教学融合到一起的教学方法等。除此之外，技术的进步也为英语教师提供了更加丰富的学习资源，例如，借助微信公众号、教育教学网站，或是加入相关教学研讨微信群与同领域工作者共同探讨教学问题，以提升自身专业能力。

其次，英语教师运用信息技术的工具。信息呈现工具：促进学生深度理解。信息呈现方式有很多，除了常见的文字，还有视频、动画、照片、模型图、真实模型等，表现形式不同，自然传达出的内容也有所不同。在英语教学的信息化教学中，信息呈现工具成为教育工作者教学工作中的得力助手，它们将原本繁杂、无序的信息内容变得形象化，具有条理性。例如，英语教师使用思维导图绘制教学内容框架，在课程刚开始或者即将结束的时候，学生看图即可准确把握文章的整体结构、层级关系及各内容之间的内在逻辑联系，从而快速了解或回顾整堂课内容。

此外，英语教学中还可能经常出现各种图形图像，这些图形图像的应用能够帮助学生以更为形象的方式理解抽象的事物。在现实生活中，大部分教育工作者会选择直接使用网络上现成的图片，这样的图片虽然获取方便，但存在清晰度低、无法再编辑等一系列问题，如果英语教师能够自行制作图片无疑是更好的，这时就可借助一些技术工具，如几何画板、网络画板、绘图软件等绘图工具。

知识建构工具：形成学生的知识结构。学生在知识建构的过程中不仅需要持有"对某一事件的观点、看法"，并配合一些"手段的使用"，还需要与学习伙伴进行交流学习，因此，鼓励在英语教学中开展以小组为单位的协作学习。为了让学生更好地开展协作学习，形成知识结构，英语教师可借助微信、腾讯QQ等社交聊天工具，石墨文档、腾讯文档等协同编辑工具，以及语雀、熟客平台等在线协作学习平台，为学生提供更加便捷的服务。

课堂互动工具：实现有效的师生互动。师生间良好的互动有助于教学活动的开展。英语教师可以通过学生的反馈及时调整自己的教学步调，进而将英语教学内容以更加适合学生的方式传授给学生，而学生可以通过与教育工作者、同学互动更好地理解教学内容。以往的互动方式或许缺乏新鲜感，又或许不适合教学，这时技术手段就发挥出了它的优势，如课前签到、限时提问、拍照上传、弹幕交流等。像雨课堂这样的互动软件在市面上还有很多，这些软件虽然很小，但所具备的功能却让人眼前一亮，为英语教师创造全新的互动模式提供了支持。

数据分析工具：帮助英语教师进行精准教学。学生在学习过程中产生的数据尤为重要，它反映了学生的学习状态、学习投入程度、学习进度、学习效果等内容。例如，当高校无法开展线下教学时，就需要采用在线教学的方式。英语教师看不到学生，无法了解学生的学习情况，因此，在线的英语教学中就隐藏着一个问题——学情数据分析问题。一方面，英语教师对这些数据缺乏关注，将注意力更多地放在考试成绩上；另一方面，英语教师面对在线教学平台上的庞大数据显得有些力不从心，不会分析。因此，运用数据分析工具对英语教师而言就变得十分重要，工具可以根据学生参与教学活动产生的行为数据（例如，学习资源使用数据、微课观看数据、与其他同学讨论数据、提问数据等）及学习结果数据（例如，平时小测、作业、考试数据等），为每一位学生自动生成可视化的学习报告，供教育工作者了解学生近期学习状况，帮助其更好地实现精准教学。

分享交流工具：实现混合式教学。通过分享交流，学生可以表达自己的观点与想法，完善不成熟的地方；通过分享交流，同样可以聆听他人的观点，开拓自己的思维。在线下的英语课堂中，教育工作者可以借助 PPT、希沃交互式电子白板等设备及面对面的交流讨论实现分享，在线上虚拟英语教学环境中，英语教师则可以通过钉钉、企业微信等软件中的视频会议、屏幕共享、头脑风暴等功能或者使用微信、QQ 等社交软件开展交流讨论，使异地分享成为可能。

### （二）英语教学主体——学生的自主学习

#### 1. 学生自主学习的认知

在 20 世纪中叶，"自主学习"这一概念被引入英语教学领域，并且引起教育界的普遍关注。学界在对自主学习展开积极探究的过程中，出现了许多与自主学习相关的名词，例如自主性学习、开放式学习、自我为导向的学习、学习者控制的教学、自导学习、自控学习、参与式学习、独立学习、自我计划学习、自我管理学习、自我监控学习、自我教学、学习者自主学习、自我组织的学习、自学等。不同学者对自主学习有着不同的理解，即自主学习的定义体现了学者不同的学术见解和多样化特点。

自主学习是指主动、自觉、独立的学习，它与被动、机械、接受式的学习相对。自主学习可分为三个方面：一是对自己的学习活动的事先计划和安排；二是对自己实际学习活动的检查、评价、反馈；三是对自己的学习活动进行调节、修正和控制。美国的研究者认为，自主学习是一种主动的、建构性的学习过程，在这个过程中，学习者为自己确定学习目标，而进行监视、调节、控制由目标和情景特征引导和约束的认知、动机和行为。自主学习活动在学习者的个体、环境和总体的成就中起中介作用。

总而言之，尽管人们对自主学习的定义表述角度不同，但其所表达的含义是一致的，即自主学习就是指学习者能够不在外人的帮助下自己主动、自觉、独立完成的一种学习方式。自主学习的主要特点是学习者从最初的目标设置、进度制订、策略选择到过程调节、控制和补救，再到对结果的评价与反省，所有过程都由学习者自主选择和决定，学习者在英语学习过程中有高涨的热情，始终对英语学习有浓厚兴趣，对能够取得进步充满信心，能从英语交际活动中获得积极的情感体验。

### 2. 信息化背景下的英语自主学习

信息技术的飞速发展为自主学习理论的研究提供了全新的平台，同时也给自主学习模式的构建带来了机遇和挑战。网络环境下，自主学习的要素发生了重组，学生的特征发生了变化，所有这些都使自主学习概念的内涵和外延发生了变化。

基于网络的自主学习是基于计算机网络的自主学习，是师生在准分离状态下依靠学习支持服务系统，以个体自主性学习为表现形式，师生通过网络双向通信从中受益的学习方式。传统的自主学习要素是学生、内容、技术和教师，而现代信息技术环境下基于网络的自主学习要素重组为学习、资源、网络学习环境和教师。基本要素的变化使学习支持服务系统的范围更加宽泛，网络环境下的资源、课程、教师通过交互平台和技术平台集成到新的网络时空环境中，使网络环境下的自主学习不同于传统个别化学习意义上的自主学习。在计算机网络的支持下，利用网上学习资源和网络交互功能，使学生的主体性得到充分的发挥。网络交互性所产生的人文交互环境使自主学习的概念在原有的基础上成为人文交互环境中的个性化自主学习。网络交互平台把个体建构和社会共享两个过程融合起来。

（1）信息化背景下大学英语自主学习能力培养

第一，学习动机的激发。网络英语学习模式使教师与学习者在多数情况下处于时空和情感分离的状态，教学模式与学习方式的转变对学习者的自主学习提出了很高的要求，而很多学习者由于习惯于传统的被动学习，在网络英语教学中自主学习动机和意识不强。学习者对教师的依赖与自主学习能力的高要求之间的矛盾在一定程度上影响了他们的英语学习动机。由于自主学习能力低而导致的自主学习的低效率又造成学习者自我效能感较差，这反过来又影响学习动机，形成非良性的循环。网络学习环境为改善学习动机的各构成要素提供了前所未有的优势，开辟了广阔的前景。其本身的特性，如资源丰富及多样化、及时互动等，对于提高学习者的学习兴趣具有良好的推动作用。而自我效能感等因素，则将依赖学习者的策略能力的提高得到相应的改善。自我效能感的改善又会使学习者的自主学习得到进一步的、自觉的继续和深入，因此这样就会形成互相促进的良性循环。

  第二，元认知策略的培养。元认知从本质上而言是"认知的认知"，因而，对元认知策略的培养模式，与对认知策略的培养是不同的。学习者在面临学习任务之前及实际的学习活动展开期间，激活和维持注意力与情绪状态，提出与学习有关的问题，制订学习计划，监控学习的过程，维持或修正学习行为，评价学习结果等，都是元认知策略的运用。元认知策略具体可以细化为：一是学习现状与学习需要分析策略。学习者能够分析自我的自主学习现状，包括学习效能、问题与不足、学习风格等。学习者还要能够对学习需要，即学习现状与期望达到的水平之间的差距进行分析。二是目标制定策略。学习者能够根据学习现状和需要分析，制定具体细化的、合理可行的、水平较高的目标。三是自我计划策略。学习者能根据目标制订详细的、可执行度高的学习计划，包括学习内容、认知策略应用和时间管理等。四是自我实施与监控策略。学习者能够根据计划开展学习活动，并利用某些标准评估学习进展。其能激活或抑制其他过程，对思维过程与结果进行实时评价。自我监控包含两个环节：要辨别出自己要监控的行为；记录、评估自己所控行为的某些方面（如频率、持续时间等）。提高这类策略能力的方法包括自我记录技术、自我提问技术等。五是自我评价策略。自我评价是指学习者依据一定的标准对自主学习的某些方面进行评价。自我评价的对象可能是行为的进展，如学习的速度、持续的时间、任务完成的比例等，也可能是行为的总体表现，如是否达到目标、效率如何，还可能是自我监控的准确性。

  （2）信息化背景下大学英语自主学习应对策略

  第一，个性化学习内容方式。在传统的课堂上，是教师为大家提出学习目标，但是这些目标不能满足每个学生的需求，因此，学生只能被动地接受知识。在网络上，学生可以在教师的指导下，自己决定学习内容，然后选择适合的学习材料。网上的材料丰富，学生很容易取舍。学生可以选择自己想要的学习主题，既可以是训练语言技能，听说读写，也可以是学习语法、词汇知识等，找出最适合的活动和练习去做。另外，学生可以在网络上学到学习方法和学习技巧，从网上课程中拷贝或抄录笔记，也可以直接人机交流，进行听说训练，或从网页上下载学习资料，在纸上做相关的练习。

第二，提高交流合作意识能力。在网络环境中，利用网络平台，提炼观点，讨论交流，通过不同观点的交锋，补充修正，加深每个学生对当前问题的理解。通过网上交流，求得问题的最佳解决方法。

第三，培养学生的创新意识。学生运用自主建构知识与交流学习中形成的知识与能力，分析探讨相关问题，并逐渐形成解决问题的思维与方法。

第四，及时掌握学习的进度。学生可以根据教师布置的学习任务和要求，在网上找到适合自己的语言学习材料之后，按照自己的学习情况修订学习计划，有选择地参与某些网上学习和练习活动。从学习上依赖的状态，转变成独立的、自主的学习状态，进而学会有效地掌握和利用自己的时间。在网上学习可以对自己的学习成效进行评价。网络上的练习是在学生完成后提供答案，学生可以自己检查结果，发现错误，从而及时纠正。

## 二、英语教材的发展

### （一）网络教材的产生和发展

经过长时间的研究和完善，我国目前使用的英语教材呈现出不同的特色。从总体上来看，大学英语网络教材具有传统纸质教材所不具备的特点：

第一，教材不再是纸质的，而是网络化的。不再使用传统纸质教材，使教材可以循环利用，有利于节约木材资源，有利于保护环境，也加快了教材的更新速度和更新效率，是教材发展过程中的一次巨大变革。

第二，网络教材采取人机对话的形式，引导学生主动学习，提高自学能力。网络教材对课程内容的讲解十分细致、全面，甚至可以替代教师，学生在没有教师指导的情况下自主学习，有助于提高学习的主动性和自学能力，激发学习兴趣。

第三，能够自主测试、评估。网络教材有试题库，可以按照要求组卷，自动批改客观题，得出学生的分数，并对测试情况进行分析，形成分析报告，有助于教师评估教学和学生的学习。学生每学完一个单元就可以组织测试，以便于教师了解学生的学习情况；通过测试，学生也可以明确自己的知识掌握程度，并知道正确答案，及时巩固所学知识。

第四，打破了时空限制，师生可以自由交流。教师和学生、学生和学生之间可以不受时空的限制自由交流，这也是建构主义倡导的教学方式。网络课程平台既方便交流，也为交际教学提供了应用平台，便于开展英语教学。

第五，学习资源更丰富多样。多媒体技术的不断进步使音频和视频实现立体化，从不同方面提供信息。网络教材中包含丰富多样的教学资源，如文本、音频、视频、图形等。此外，多媒体技术使网络英语教材更生动形象，学生更有学习兴趣。

第六，学生的学习过程会被全程监控和记录，这也是网络技术的一大优势。学生课后可以通过记录的学习过程了解学习进度；教师能够随时监督学生课后学习情况；学校也可以了解教师的教学情况和学生的学习情况，从整体上评估教学。

第七，教学模式得以改变。网络教材具有多种功能，传统的英语课堂教学模式被改变，转而成为学生自主学习、合作学习等教学模式，各种英语教学理论，如建构主义、交际法、行为主义等都得以实践。

### （二）开发教材的全新理念

开发网络教材是当今信息时代大学英语教材建设的必然趋势。大学英语网络教材有自己的特点，应将计算机网络技术与大学英语课程全面整合，充分发挥现代信息技术的功能，以期更好地满足英语改革的要求。

现代社会信息化程度越来越高，在开发和编写英语教材时，要全面整合网络技术和大学英语课程，深入了解学生学习的动力、需求、心理等，从整体上设计教学过程模式，用于指导教材设计。新的大学英语网络教材是听、说、读、写、译的统一体，综合性较强。

开发网络教材必须有相应的理论作为支撑，首先要秉持开放包容的态度，使用一些基本教学方法和策略，如语言学习理论、二语习得理论等，通过不断研究和探索，找出适合我国大学英语教学实际情况的教学策略，应该根据行为主义心理学、认知心理学等理论设置相关练习，如句型练习、模仿等。交际法以学生为中心，使学生掌握言语交际的方法，主要通过任务学习，如在教学过程中适当融入母语，这对语言习得起着正迁移的作用，也是学生语言输入的认知导向。从我国目前大学英语教学的实际情况来看，还需要将多种教学理论融会贯通，总结英语教学实践经验，在编写网络教材时一定要立足于实际情况。

在编写新的英语网络教材过程中，语言的信息输入必须有意义，对相同主题的语言输入信息，要让学生从不同角度去认知、模仿和交流，有意识地展开语言实践活动，重点培养学生的听说能力，提高语言综合运用能力。运用计算机技术创造与内容相符的语言环境，使课文讲解更细致，解决学生的疑问，同时激发学生的学习兴趣。网络教材变更方便，要充分利用这一优势，及时更新教材内容，这可以让教材紧跟时代发展变化，学生也能够学习最先进的知识。新的网络教材要充分利用计算机网络技术，设计多种体验活动，开展个性化学习、合作学习、情景学习等。

新的网络教材要立足于有声语言交流，语言信息输入必须有意义，丰富学生交流的形式，充分利用现有的教学资源和教学方法，提高学生的听说能力和运用语言进行交际的能力。大学英语教学改革突出了个性化教学，所以网络教材的开发也要重视这一点。教材个性化和教学大纲关系密切，英语教学大纲原本只有一个版本，而现在有多个版本，这是一次重大的突破，但多个版本难以兼顾教材的个性化。不同的大学英语教材都在同一个教学大纲的指导下编写，教材大纲规定了教材的词汇、语法、结构等，但有不同的编写形式。若大纲有问题，则编写的教材也一定会有缺陷，教材编写者如果不能加以创新，那么编写出来的教材就会相对保守，没有特色。高校在开发英语网络教材时，一定要突出个性化，课程设置应该根据不同的教学大纲和教材。国家大纲的制定由政府和教育行政部门负责；制定地方大纲需要以国家大纲为指导，结合地区实际特点，符合某一地区英语教学的实际需要；学校大纲则由学校自主编订，但必须按照国家大纲和地方大纲的要求。在明确各级大纲要求的基础上，大学英语教学专家及相关人员就可以着手编写网络教材。满足不同大纲要求的个性化教材才是最有价值的，最贴合学生的实际需要。

# 第二章　英语教学内容的多元化

英语作为全世界的通用语言，已经被广泛地应用在各个行业之中。在新时代的教学背景下，英语教学的内容需要多元化，以提升学生在实际生活中运用英语知识的能力。本章重点探讨英语的听力、口语、阅读、写作、翻译教学。

## 第一节　英语听力教学

### 一、英语听力教学的特点

"英语听力教学是英语教学中的重要内容，也是得分较难的部分，它需要学生具有较为扎实的英语知识，了解一定的英语文化背景，还应具有边听边猜想、推断和归纳等综合能力。"[1]

通常一个班级的学生来自全国各个地方，学生的听力水平参差不齐。有些学生听力基础差，没有掌握正确的学习方法；有些学生的语音语调存在问题，因而很难听懂正常语速的听力材料甚至已经学过的常用词；当然也有一些学生英语水平很高，比较容易听懂听力材料。在听力水平不同的情况下，使用相同的教材和教学方法，会使听力水平低的学生不想学、教师难授课，也就达不到提高高校英语听力水平的教学目的。"高校英语听力教学内容较为广泛，不仅包括语言知识、文化知识，还包括培养学生对听力策略的掌握和运用。"[2]

---

[1] 关建凯. 浅谈职高英语听力教学[J]. 现代农村科技，2022（6）：84.

[2] 李红霞. 高校英语教学研究[M]. 天津：天津科学技术出版社，2017：32.

目前，一些学校尝试打破原有的以院系为单位的班级，将学生听力水平分成提高、普通和预备三个层次，有针对性地选择授课内容和授课方法，更好地贯彻因材施教的原则。

## 二、英语听力教学的实施

### （一）英语听力教学的模式

#### 1. 文化导入式教学

文化导入式教学模式是指教师运用引导的方式引导学生主动构建语言和文化体系，形成相对稳定的综合运用英语的能力，并构建较强的操作性框架。这种教学模式主张教师在教学的过程中根据实际情况，选用正确、合理的方式引导学生积极学习，不断激发和培养学生的想象力和思维能力，引导和促进学生主动构建内部的心理表征，进而培养学生面对文化差异的宽容度、敏感度以及灵活度，全面提升学生运用英语的综合能力。在教学内容上，这种教学方式注重文化概念以及引入思想方式，由此凸显相关的文化内容；在教学形式上，文化导入式教学模式注重发挥学生的主体作用，与此同时，教师也应该发挥积极的主导作用。

首先，适时培养学生对文化背景知识的敏感度。对教师来说，培养学生的文化敏感度时，应该充分分析和研究教材，从教材中发现问题，培养学生通过文化的角度分析问题的能力，进而提升学生对文化现象和母语文化既对立又统一的敏感度。

其次，注重培养听说能力，增强学生对文化的理解能力。提升学生的听力水平，则必须听说并重。听力检查可以通过复述、问答、组织对话以及编排小品表演等多种方式进行，这些检查方法不仅可以深化学生对文化知识的掌握，还能提升学生的听说能力。

再次，通过词语导入文化背景知识。词语有单个的短语和词语。词语可以展现语言的各种文化特点。在教学过程中，教师应该适当地导入听力材料，且材料中包含文化背景知识相关的词语，由此使学生理解和掌握听力材料中的文化内涵和特点。

从次，通过视听媒介导入文化背景知识。多媒体的优势非常明显，因此，教师应该充分利用电影、电视等多媒体资料进行教学。学生通过这些媒介可以充分了解英语文化。视听媒介属于包罗万象的文化载体。观看多媒体资料可以让学生直观、真实地了解西方的各种文化内容。

最后，延伸和拓展教学空间和英语文化。教师通过布置任务的方式让学生提前预习，查阅相关的文化知识，并以幻灯片的形式展示学生的预习成果，进而增强学生的自信心及成就感。与此同时，鼓励学生积极查阅与英美文化有关的书籍，这样不仅可以获得语言知识，还可以让学生深入了解文化差异，进而提升学生的英语听力水平。

### 2. 视听说结合式教学

第一，视听说结合的教学方式非常必要。视听结合可以让学生处于耳目一新的学习环境中，让学生在视觉和听觉的共同刺激下学习语言知识，由此激发学生说英语的兴趣，达到事半功倍的学习效果。除此之外，教师还应该为学生制造口语练习的机会，把听英语和说英语有机结合，通过听说结合的方式提升学生的听力水平，由此保持英语学习的持续输入和平衡产出。

第二，设计视听说结合的教学环节。视听说结合的英语教学方式可以解决英语学习的本质问题，指导学生输入和输出英语的过程中，包含三个重要步骤——粗略观看、仔细听解以及口头讲述。在第一阶段，教师依据视听内容，运用图片展示、实物展示、介绍背景知识以及讲解单词的形式巧妙地导入教学内容，让学生大致了解和掌握视听材料，进而做好下一步教学计划；在第二阶段，教师不但需要指导学生明确话语的意思，还要将重点放在语言材料上，引导学生根据材料回答更加细致、具体的问题，甚至区分细微的语言变化；在第三阶段，教师可以采取复述、问答、情景讨论、对话以及角色扮演等方式加深学生对材料的理解，进而提升学生听说英语的能力。

## （二）英语听力训练的策略

### 1. 选择多元化的听力材料

在选择听力材料时，教师既要结合教学实际的需要，也要结合学生现有的能力和兴趣，还可以让学生在课堂上以英语游戏的形式参与活动，循序渐进地进行练习，最大限度地挖掘他们的潜在能力，发挥他们的主观能动性。

当下，多媒体技术飞速发展，随着多媒体技术的融入，教学环境呈现出多样化的特点，教师可以利用多媒体播放教学情景对话、英文歌曲和电影等，增强听力材料的趣味性及实效性，这种教学模式有利于提升学生的英语水平。

并且，播放英文电影是一种生动、形象、直观的教学方式，深受学生喜爱。因为英文电影拥有精彩的剧情，可以让学生身临其境，且有的剧情非常有趣，在这样的学习氛围中，英语不再是让人生畏的语言，反而变成了充满活力、有趣的学习实践。每周都安排一部分时间看英语电影，或让学生学唱英文歌曲，或让学生给英文电影配音等，都可以提升学生学习英语的积极性，让学生在轻松愉悦的环境中提升英语的听力能力，此外，还能提升学生的口语表达能力。

### 2. 提供听力材料的背景介绍

上听力课时，教师不能只简单地给学生放录音带，也不能简单、死板地给学生解释短语和词汇，应该充分利用自身已有的知识和相关材料引导学生学习。比如，以简短的讨论进入课堂主题，让学生猜听力的具体内容，进而帮助学生深入理解听力材料。这种教学方式可以让学生对将要学习的内容充满期待，预先进入准备状态。除此以外，如果教师准备的材料具有一定的难度，教师可以简单地描述材料内容，培养学生良好的学习习惯。并且，在听听力之前，教师应该问学生一些与材料相关的问题，这样学生才会更有目的性，进而提高学习效率。

### 3. 精听与泛听的有效结合

精听是"精确听力练习"，要求学习者在听力练习中捕捉到每一个词、每一个短语，不能有任何疏漏和不理解之处；泛听是要求学习者在听力练习中以掌握文章的整体意思为目的，一个词、一个短语甚至一个句子听不懂也不影响对整体文章的理解。精听和泛听可以结合练习，如某一篇文章中有几段可以用精听的方法练习，在练习的过程中准确无误地听到某些细节性的信息，有几段可以用泛听的方法了解文章的梗概。

### 4. 培养学生掌握听力学习的方法

通常情况下，学生习惯于将材料中的每一个单词都理解清楚。实际上，在不同的材料和不同的语速中，学生只要能将材料重点听清楚，就可以理解材料内容。一般情况下，即使一篇材料中有诸多新单词，也不会影响理解全部材料的大意。所以，教师应该时常提醒学生，听听力要听重点，根据问题听重点内容，并教会学生如何快速找到材料中的重点。

## 第二节　英语口语教学

### 一、英语口语教学的特点

#### （一）英语口语教学内容的特点

英语口语教学具有广泛性，它的教学内容不仅限于教学生如何说英语，还需要从教学安排和教学内容等方面为学生创造大量的实践机会。所以，英语口语教学的特点是教学内容的延展性和广泛性。根据实际情况，教师可以合理地安排一些训练活动，把训练学生的各项能力都结合在一起，并且，教师可以根据不同的教学阶段和不同的教学目的选择多种教学形式，比如辩论、配音、表演等。在这个过程中，教师要把握好教学难易程度，不断巩固学生的基本功，让教学内容更具延展性和趣味性。

#### （二）英语口语教学评估的特点

在英语口语教学的过程中，教学评估非常重要。科学全面、客观准确的评估体系有助于实现教学目标，教学评估不仅是教师获得教学反馈、完善教学管理和提升教学质量的依据，还是调整学习策略、提升学习效率、改进学习方法和获得良好的学习成果的保障。一般情况下，可将学习评估分为两种：形成性评估和总结性评估。不管是哪一种评估方式，对英语口语教学进行评估都是为了考核学生运用英语进行交际的能力。口语教学最重要的是语音教学，语音、语调的规范可以为流利的英语口语奠定基础。特别是大学生的口语教学，教师应该重视学生的发音准确，不能只追求读英语的流利程度，这样可以帮助学生养成良好的语言学习习惯。

### 二、英语口语教学的方法

#### （一）纠正学生口语发音

在高校，英语教师上的第一堂课应该跟学生说明发音正确的重要性，因为标准的发音体现了一个人的英语口语水平和素质，并且，在教学的过程中，应该及时纠正学生的错误，引导学生在课下相互监督和帮助。此外，教师还应该把学生容易出错的发音总结起来，并在课堂上指出，进而引起学生的重视。另外，为了增加学生的学习积极性，教师还可以给学生布置一些模仿练习，让学生课后练习，并在课堂上展示模仿效果，例如模仿电影对白、诗歌朗诵以及英文歌曲等。通过模仿，学生不但可以纠正英语口语的发音，还能下意识地学习地道的表达方式和语音语调，进而增强语感。

### （二）提高学生运用英语思维的能力

首先，鼓励学生掌握更多的英语词汇和词组。学习单词在高校英语教学中不能占据太多的时间，应该将记单词变成学生自主学习的内容。让学生以学习英语词组为单位，掌握更多词组。在引导学生学习的过程中，教师应该在课堂上适当设置词组接龙的游戏，根据游戏要求，学生按照规定的顺序把自己掌握的词组写在黑板上，进而以此种游戏的方式活跃课堂氛围，并提高学生记词组的积极性。

其次，教师可以让学生背文章，然后把文章中的内容分享给其他同学，增强学生的语感。学生背诵的文章应该短小精悍，以此缓解学生学英语的畏难情绪，充分激发他们的学习积极性，进而培养和提高他们的语感。在练习跟读、朗读以及背诵文章的过程中，可以提升学生的理解和断句能力。只要材料符合学生的理解水平和承受能力，且内容符合学生需求，属于地道的英语，能激发学生学习英语的积极性，且学生坚持背诵，就一定能提升学生的语感。

## 第三节　英语阅读教学

### 一、英语阅读教学的特点

第一，高校英语阅读材料的特点。从对高校英语教材的把握而言，高校英语教材中几乎包括了各种文体，具有多样性和现代性。其多样性表现为：文章涉及多个领域，如语言、经济、文学、科技等；体裁有说明文、记叙文、议论文；语域的多样性，所选文章既有书面体文章，也有口语化乃至俚语化的文章。因此，高校英语的阅读内容具有篇幅长、生词多、句法多样化等特点。

第二,高校英语阅读方式的特点。高校英语阅读一般分为精读、泛读和略读。精读要求学生毫无遗漏地仔细阅读全部语言材料,并获得对整篇文章深刻而全面的理解。在精读课本中,每篇课文后的词汇、语法、句型及注释都应仔细领会。泛读也可称为普通阅读,要求学生读懂全文,对全文的主旨大意、主要思想和次要信息及作者的观点有明确的了解,对全文只做一般性的推理、归纳和总结,无须研究细节问题和探讨语法问题,但要求阅读速度是精读速度的一倍。略读是一种浏览性的阅读,学生以其能力达到的最快速度浏览阅读材料。略读不需通读全文,只跳跃式地读主要部分,目的是获取全文的中心思想和主要内容。

## 二、英语阅读教学的策略

### (一)传授快速阅读的技巧

第一,跨越生词障碍。跨越生词障碍可以通过猜测词义来解决。猜测词义的方法有很多,如根据语境、定义标记词、重复标记词,以及列举标记词同位语、同义词、反义词等。但这些方法都离不开两个方面:一方面是学生的文化修养,即语言、文化素质;另一方面是通过全局识破个体的能力,这就要求学生不断扩大自己的知识面,懂得社会、天文、地理、财经、文体等科普性知识。

第二,浏览所提问题,带着问题读文章。一般而言,作者根据自己的意图和思维模式,通过一定的语言手段,把分散的、细节的、具体的材料组织在一起,在训练或测试中,命题者往往采用多种方式进行提问,有直接的和间接的,但无论如何,命题范围和思想基本与作者一致。学生应先了解问题的要求,带着问题和所需的信息去查询,以提高阅读速度。

### (二)提升词汇量与阅读量的重视程度

教师应督促学生加大词汇量和阅读量,鼓励他们多读、多写、多记,同时传授一些词汇记忆方法,如文章记忆法、联想记忆法、造句记忆法、构词记忆法等。教师可以系统讲授一些词汇学习理解方法,如利用词缀猜测生词的含义,利用上下文来推测词义,利用近义词、反义词、同类词来比较词义,通过加大阅读量来巩固词汇等。同时注意一词多义,引导学生掌握词汇的派生、合成和转化等构词法知识,建立便于记忆和应用的新图式,扩大词汇量。

## 第四节 英语写作教学

### 一、英语写作教学的特点

第一，英语写作是一个输出和检验的过程。学生要有一定的信息输入，对体裁、内容都要有一定的了解。无论是课后还是课中，学生都应有一定的阅读量，积累丰富的词汇、句型和语法，才能在写作课上游刃有余。换言之，写作能够检验学生平时的知识积累程度，检验学生对语法的掌握和词汇的运用等。

第二，英语写作是循序渐进的过程。写作要求学生进行丰富的联想，发现题材并将之组织成文。要想提高写作水平并不是短时间内就能够做到的。要想切实提高自身的写作水平，还需要多阅读、多分析，反复练笔。因为写作的过程并不是简单地记录所看到或所读到的内容，而是用另一种语言表达自己的思想的过程，其中涉及遣词造句、文章架构以及段落的衔接等方面的问题。

### 二、英语写作教学的方法

#### （一）掌握英语写作的过程

1. 明确审题立意

一篇好的文章一定要明确审题立意。一篇文章是否符合主题最重要的是认真审题和正确立意，并充分理解材料的写作要求。通常来说，大部分高校的英语文章写作都会先给学生提示词，有的还会直接给作文题目，学生则根据所给的主题进行论述和阐述。所以，对文章写作来说，最重要的就是审题并理解题意。学生拿到作文题目，一定要理解清楚作文写作的要求，再根据要求确认体裁，作文的体裁包括说明文、议论文等。说明文主要写提出问题和解决问题的方案或者阐述主题等；议论文则需要权衡利弊或者反驳材料中的观点等。在审题过程中，教师可以通过提问的形式了解学生的审题情况，并引导学生明确文章主旨，最终确立正确的主题。

## 2. 列出写作提纲

当明确英语的写作中心思想后，学生应该简单地拟写提纲。一篇文章的基本框架就是文章提纲，提纲也是写文章的规划。提纲内容来源于文章的主要内容。文章由引言、正文和结论组成。引言即揭示文章主旨；正文即通过不同角度分析和阐述文章主旨；结论即归纳总结全文，并呼应文章开头。

## 3. 确定作文主题句

作文主题句的作用是阐明全文主旨，主题句不仅可以概括总结全文的内容，其他内容也以主题句为中心。所以，文章开头一般就是文章的主题句，它的突出特点是将问题直接阐明，并充分说明。主题句具有较强的概括性，它可以把握文章主旨内容，并阐明作者的写作意图。主题句就是一篇文章的中心，可以突出文章主题。教师可以根据学生的主题句把握文章的主题，进而判断文章是否符合写作要求。

## 4. 撰写扩展句

扩展句的主要作用是解释和支撑主题句。当明确写作主题之后，学生应该依据提纲和主题展开写作，并收集和主题相关的材料增加文章的说服力，进而突出主题，阐明中心思想。另外，应该从日常生活中选择材料，因为生活中的案例更具说服力，并且，学生对生活中的内容比较熟悉，比较容易把握。扩展句的撰写应该注意句子与句子之间的连接词，段落和段落之间也应该有过渡句，由此展现文章的逻辑，这些关系词和过渡句是连接句子和句子以及段落和段落的纽带，起着承上启下的重要作用。除此之外，学生还应该注意文章的层次感，先写最重要的，然后层层递进，这样才能让文章更加流畅自然。

## 5. 升华结论句

文章最后是结论句，和主题句一样，结论句也包含全文的主题思想。结论句可以总结全文并深化主题。但不同的是，结论句采用的措辞和主题句不一样，结论句是变换措辞，换一种说法阐述文章的主题。学生在写结论句时，可以把前文内容做简明扼要的总结，与开头内容相呼应。结论句的内容可以加深文章的内涵，让读者留下深刻的印象。

## 6. 修改与整合

写完一篇英语文章之后，学生应该通读一遍文章，检查和修改文章的错误拼写以及错误语法，例如句子的时态、语法。为了保证句子的准确度，要尽量减少语法错误，过程中虽然不能对修辞、结构等做大幅度修改，但可以稍微改动个别的词汇、语法等内容。除了教师和学生自己修改以外，还可以让学生相互点评和修改，最后再由教师批改和讲评。

### （二）提高英语写作的技巧

第一，词汇。根据不同的语境或上下文，学生需选择恰当的词语。在写作的时候，首先必须保证选词的正确性，根据所需表达的具体含义，选择最为恰当的单词。同一词语在一篇文章中最好不要重复出现，而应考虑使用其他同义词或近义词替换，可以选择一些具有一定难度的单词进行替代，恰当地使用高难词汇有助于提高写作层次。

第二，句型。在写作中，除了词汇可以丰富多彩外，还可以使用不同的句型结构。通常而言，学生在写作过程中受自身的知识和时间等方面的影响，在句式变化上未能深入地思考，以致行文呆板、不够灵活。在英语写作中，有很多的特殊句型都可以运用在写作中，可以让学生多使用典型句式，适当运用成语和谚语，恰当使用一些平行结构、对比结构。

# 第五节 英语翻译教学

## 一、英语翻译教学的特点

翻译能力是学生英语能力的重要体现，同时也是对学生"听、说、读、写、译"能力的基本要求之一。翻译并不是从源语的词语和语句结构到目的语词语和语句结构的简单转换，也不是在目的语言中寻找与源语对等的词语和语句结构，然后串接成句的过程。在翻译的表达阶段，应注意不同文化中语言形式的差异，按照译入语习惯进行调整。在高校英语教学中开设翻译教学，可以让学生在进一步加强中国传统文化素养的同时，吸收英语人文知识。英语学习成功的标准不应是学生能背多少教过的句子、词组和生词，或知道多少语法规则，而是能用所学到的语言创造性地表达多少。翻译本身就是一种语言创造，而英语教学的使命就是把翻译这一语言创造活动普及开来。"教育者需要引用更多丰富且实用的跨文化素材，使学习者不仅从书中习得翻译知识及技巧，还能够切实行动，从做中学。"①

## 二、英语翻译教学的方法

### （一）英语翻译猜词教学法

学生的概念能力是一种洞察复杂环境程度的能力和减少这种复杂性的能力。具体而言，概念技能包括理解事物的相互关联性，从而找出关键影响因素的能力，确定和协调各方面关系的能力以及权衡不同方案优劣和内在的能力等。高校英语翻译中的猜词方法主要包括：以定义为线索猜测词义，以同义词、近义词为线索猜测词义，以反义词和对比关系为线索猜测词义，以列举的句子为线索猜测词义，以重述为线索猜测词义，以因果关系为线索猜测词义，以生词的前后文提供的解释或说明为线索猜测词义，根据普通常识、生活经验和逻辑推理推测生词词义。

### （二）英语翻译图式教学法

图式教学法是指教师通过图式理论激发学生的知识储备和知识接收能力，然后在学生的大脑中形成不同模式的教学方法。图式是指学习者将新旧知识融合，并在大脑中形成既定的组织方式和运用模式，属于片段化的知识。换句话说，图式的过程就是学习者把新信息融入已有知识体系的过程。在教学的过程中，英语教师不仅要传授新的知识，还要引导学生激活原有的知识，让新知识和已有的知识融合在一起，形成新的知识体系，进而帮助学生正确地理解和掌握新知识。在练习之前，教师有必要给学生介绍翻译内容的句式结构、体裁以及语言结构，并提供对应的背景知识。另外，教师还可以依据课堂需求为学生提供图式，只有激活这些图式才更容易理解文章内容，进而顺利地翻译全文。

### （三）英语翻译推理教学法

推理教学法来源于人类的基本思维方式和逻辑，换句话说，推理教学法是通过已知推理未知。把这种教学方法应用到高校英语翻译中，主要作用是引导学生形成系统的学习方法。在翻译英语的过程中，有一部分文本需要借

---

① 刘梅，彭慧，仝丹. 多元文化理念与英语教学研究 [M]. 延吉：延边大学出版社，2018：184.

助推理才能更好地翻译和理解，其中涉及的思维活动方式有分析、演绎以及归纳等。学生在翻译的时候，教师起着至关重要的引导作用，应该引导学生推理现有的知识及经验，并将文本内容联系在一起，由此学生可以更好地理解句子。运用推理教学法翻译英文，可以增添信息容量，掌握事物的内在联系，加深对知识的理解。另外，学生在掌握某种语言时，需要日积月累，推陈出新，最终形成完整的知识体系。

# 第三章 英语教学的模式构建

在英语教学中应用多元教学模式，不仅能有效提高课堂教学效果，还能提高学生英语学习的效率和质量。本章重点探讨英语教学中的网络教学模式、英语教学中的情感教学模式、英语教学中的分级教学模式、英语教学中的有效教学模式、英语教学中的混合式教学模式。

## 第一节 英语网络教学模式

信息技术正在给大学英语的教学模式带来巨大的影响。有了互联网，学生获取知识的便利性、灵活性有了非常大的提高，这就使教学模式的多样化、开放化和专业化有了客观的必要性。大学英语教师要探索多样化的网络教学模式。

### 一、英语网络教学模式的内涵

英语网络教学模式，其内涵主要涉及计算机网络技术、教学思想和教学理论、外语教学目标和资源、教学活动结构框架和教学方式等层面。

#### （一）计算机网络技术

大学英语网络教学模式与传统教学模式相比，最大的优点在于计算机网络技术的参与。由于信息技术的发展，英语教学中的师生交流方式、信息呈现方式等都发生了重大改变，且人们已经形成一个共识：网络多媒体技术并不是万能的，再先进的技术也需要教师的辅助，即教师需要对学生进行督导、监控及情感层面的支持。就外语教学层面而言，最为合理的方向是充分发挥计算机网络技术在多媒体信息呈现、信息查询、网络交流等方面的优势,辅助教师完成教学,减轻教学压力,让教师有更多的精力和时间对存在差异的学习者进行情感交流和个别监督,解决他们的问题。换言之,网络多媒体与教师都有其自身的优势,因此,在外语教学中应该将二者的优势都充分发挥出来,使学习者能够从低阶语言能力转向高阶语言能力。计算机网络技术在英语教学中的工具作用如下:

第一,知识演示与传输工具。计算机具有明显的多媒体特征,其在外语教学信息的呈现中也具有明显的优势,可以通过文字、图像、图片、声音、视频、动画等多种方式传递。目前,英语教学也多提倡使用网络多媒体教学,目的是能够为学习者提供更多刺激感官的信息接收形式,从而促进学习者的记忆和理解,同时还能够增强教与学的趣味性。

第二,交流工具。当前,网络已经成了一种普遍的交流工具,英语教学中也普遍运用。基于网络的英语教学交流工具有很多,如电子邮件等,这些都为教师、学习者提供了便利。

第三,个别辅导工具。人机交互式网络多媒体作为个别辅导工具所具有的一大特色,主要体现在各种交互类的英语学习课件中。目前,计算机网络技术作为个别辅导工具主要具有个别指导、操练和练习、学习监测和反馈等。

第四,教学信息记录工具。计算机网络可以对教师与学习者的各种教与学相关的信息记录下来,这些信息可以为评价教师的教学行为、分析学习者的学习情况和进度、帮助教师和学习者进行反思等提供数据。

第五,学习情境创设工具。计算机网络技术可以为学习者创造真实的学习情境,通过逼真的语言环境,可以促使学习者进行探究和思考。

第六,教学管理工具。随着计算机网络技术在教学领域中的应用更加广泛,计算机管理教学也应运而生。简单而言,就是运用计算机网络技术来帮助学校和教师进行教学管理。

第七,教学资源储存工具。计算机是强大而便利的储存工具,它逐渐成了外语教学资源的储存仓库。储存的内容包含课程教学课件、师生电子档案、电子教案、文献资料、多媒体语料库等。

第八,学习认知辅助工具。为了提高学习者网上学习的效率,网络查询引擎、在线电子词典、电子笔记本等被开发出来,这些都是基于计算机网络技术的学习认知辅助工具,能不断提升学习者的学习效率。

## （二）教学理念

任何教学模式都是建立在一定教学思想和教学理论基础上的，同样，教学思想和教学理论也是网络多媒体教学模式的基石。换言之，大学英语网络教学模式需要依据一些教学思想和教学理论，这些教学思想和教学理论可以从两个层次来分析：一是宏观层次，二是中观层次。宏观层次主要是建立在哲学思想的教育学理论上，其主要内涵覆盖了教育心理学、教育学、教育技术学、学科教学论等；中观层次是基于外语教学的各种教学法，如语法翻译法、听说法、任务法、交际法等，而各种教学法的背后也离不开教学理论的指导。

## （三）教学目标和资源

任何学科教学都离不开教学目标，大学英语网络教学模式也不例外，教学对象不同，确定的教学任务、教学目标也不一样，其选用的教学模式也必然不同。例如，对听力教学而言，以提高学习者理解和记忆能力的教学目标适用于采用人机交互型教学模式。如果教学目标是让学习者掌握知识，那么教师可以采用以传递为主的教学模式；如果教学目标是培养学习者的思维和运用能力，那么网络写作项目、网络英语角等人机互动教学模式更为符合。当然，采取怎样的教学模式并不仅依靠教学目标，还涉及教学任务、教学内容、教学环境、教学对象等因素。

基于网络多媒体的英语教学资源主要是以文本、音频、图片、视频、动画等形式呈现的数字化教与学内容，是辅助教师展开教学的直接工具，也是学习者获取知识的直接途径，这些也构成了基于网络多媒体的英语教学模式的核心要素。无论是怎样的形式，教学资源本身的难度、选材等都应该从学习者的实际情况出发。与传统的纸质教学资源相比，基于网络多媒体的英语教学资源更易于共享、易于更新，且能够海量存储。

## （四）教学方式

英语网络教学，在宏观与中观教学思想、理论的指导下，需要将教师、学生、网络多媒体技术、教学资源等融合起来，形成具体的教与学的干预措施，包含教学内容的顺序、学习内容的组织、媒体呈现的设计、教与学的安排与设计等，这些都属于教学活动结构框架和教学方式的内容。

## 二、英语网络教学模式的类型

### （一）自主接受模式

英语网络教学自主接受模式一般由三种要素构成：第一，学习个体。第二，学习内容，即网络课件，指通过网络传输的、由计算机作为媒介呈现的图文声像等语言材料内容。第三，学习指导者，指计算机和教师。网络自主接受模式所传递的主要是客观类的知识和技能，训练主要以选择、填空、拖动配对等具有明确答案的形式为主。通过设定计算机的识别和反馈程序，可以自动批改和矫正学习者的错误并提供解答。另外，还可以设定计算机程序使之自动探测学习者的学习背景和学习风格等，然后提供适合的学习材料和学习路径，计算机相当于智能导师。而对学习者在学习过程中遇到的各种问题，尤其是一些个性化的难题，以及人际情感沟通方面的需要，则需要教师通过网络交流工具如学习论坛来帮助学习者解决问题。

### （二）自主探索模式

英语网络教学自主探索模式的一般构成要素主要有四个：一是学习个体，二是任务或问题，三是参考资源，四是教学指导者。在网络自主探索模式中，学习的主要目标是提升学生的语言应用能力，而不是学习语法、词汇等客观确凿的语言知识，因此一般以完成某一具体完整的语言任务或针对某些问题阐明自己的观点作为学习的主要内容，如翻译某段文学作品或独立观看某段原版影片后写出影评等。在整个学习过程中，学生会得到必要的提示和指引，一方面学生自己可以参阅网络资源或图书列表，另一方面教师会通过电子邮件、论坛等交流工具检查并督促学习者的进度，指导学生解决遇到的问题，并给予必要的评价和总结。

### （三）集体传递模式

英语网络教学集体传递模式的一般构成要素是学习者群体、学习资源、教学指导者。这一模式一般有两种教学过程：一是完全虚拟的网络课堂。教师和学生群体在统一的时间登录特定的网络"班级"，教师讲解新课学习内容，组织练习、讨论等学习活动，解答学生的提问，给予必要的反馈指导。二是自学加集体指导型。学生自主观看教师布置的学习资源，如以图文声像等呈现的多媒体课件，然后在统一时间，教师通过网络实时教学系统为学生提供集体指导、讲解和答疑。

### （四）综合教学模式

在实际的英语网络教学中，根据师资、教学目标以及技术开发水平等条件，往往综合应用不同模式的教学手段。例如，大学英语综合教程某一单元的网上教学过程是：学生自主观看该单元的网络课件，完成网上的填空、选择、拖动配对等练习并得到计算机的自动批改反馈，如果该学生已经达到本单元客观知识技能的基本要求，则会进入本单元的自主探索部分，会要求学生研读一份额外的主题材料并完成一份评述报告，在研读和写作的过程中，教师会通过电子邮件或学习论坛等方式给学生必要的引导和提示，这一网络教学过程就融合了网络自主接受模式和网络自主探索模式的部分教学手段，可以将这种混合的应用称为网络综合教学模式。在设计和确定教学模式时，应该综合考虑教学目标、师资力量、学习者的学习风格等各种因素，选择应用合理的教学活动，只要有利于实现教学目标，可以采用综合的网络教学模式。需要说明的是，这一模式的划分方法与其他分类方式并不矛盾，只是参考的角度不同而已。

### （五）协作探究模式

英语网络教学协作探究模式的一般构成要素为：一是学习者小组。学习者扮演的角色是进行小组自主分工、制订协作计划、定期自查、完成计划、总结发言并提交作品。二是任务或项目。这是网络协作探究模式的核心要素，主要教学理念是让学习者通过使用目标语言合作完成较为复杂的项目或任务，提高自身的语言综合应用能力和团队协作能力，其中项目或任务往往是与社会生活和工作紧密相关的，如策划一个产品的销售方案。三是参考资源。四是教学指导者。这里的教学指导者即教师。在项目或任务的完成过程中，教师给予必要的引导，如协助小组进行分工、提供可能的资源索引、对语言应用的错误给予必要矫正、协调可能出现的矛盾、督促进度、组织评价等。

英语网络协作探究模式的宗旨就是构建一个虚拟的真实任务情境，帮助学习者在这个情境中通过使用目标语言来提高外语水平。项目或任务的选择视学习者的兴趣和语言程度而定，如果学习者小组的语言应用水平比较低，那么在设计项目或任务时也要与学习者的语言能力水平相适应，不能差距太大。

## 第二节　英语情感教学模式

### 一、英语情感教学模式的源点

"英语情感教学，是指充分发挥情感在英语教学中的功能，优化学生的态度、体验、情感等，合理对待教学过程中认知与情感的关系，从而提高英语学习效果，实现教学目标。"[①] 简言之，英语情感教学既是通过情感进行英语教学，也是为了发展情感进行英语教学。大学英语情感教学是一种教学模式，也是一种教学手段，还是一种教学目标。英语教学中存在的情感源点有教师、学生和教材，并使情感教学成为可能。

第一，教师的情感因素。教师是教学的组织者，具有稳定的高级情感，是大学英语教学中最重要的情感源点。教师的情感因素有三个来源：一是主导的情绪状态。它是教师在教学活动中的情绪基调，受人格特质和自我修养的影响。二是对教育和教学工作的情感。教书育人的事业，关系到社会的进步，需要教师投入足够的情感。三是对学生的情感。教学是师生之间的交往，这就要求教师对自己的教学对象满怀爱心和情感。

第二，教材的情感因素。教材是呈现人类认识世界和改造世界的成果的文本，满足社会的需求，是教育者意志的体现。英语教材中的情感因素有显性和隐性两个方面：显性情感因素是指教材中通过语言、图片等直接表现的情感，如艺术类教材中的歌曲、舞蹈、绘画、雕塑、摄影等作品。隐性情感因素是指在反映客观事实的过程中附带的情感。例如，作者在记叙历史时，难免带有个人的主观情感。

第三，学生的情感因素。学生作为一个情感源点，在英语教学活动中更多的是接受外界的情感刺激，并形成内部情感。学生的情感包括三个方面：一是主导的情绪状态，它是学生在教学中的情绪基调；二是对学习活动的情感，它是学生对学习表现出的态度；三是对教师的情感，主要包括尊重、敬爱等。

---

[①] 吕文丽，庞志芬，赵欣敏. 信息化时代下的大学英语教学改革探索 [M]. 长春：吉林大学出版社，2018：63.

## 二、英语情感教学模式的理论基础

英语情感教学模式的理论基础包括情知矛盾观、情感系统观、情感功能观和情感导乐观。

第一，情知矛盾观。情知矛盾观认为，教学中的认知因素和情感因素是矛盾的。认知上的矛盾是教学要求与学生的实际认知水平之间的差距，情感上的矛盾是教学要求与学生当时的态度体验之间的差距。前者涉及的是学生能不能学、会不会学的问题，即可接受性问题；后者涉及的是学生要不要学、愿不愿学的问题，即乐接受性问题。教师要努力使两方面达到和谐统一。

第二，情感系统观。情感教学包括三大情感源点，即教师、学生和教材。这些情感因素在教学活动过程中被激发，并产生动态的三大回路，即师生间伴随认知信息传递而形成的情感交流回路、师生间人际关系中的情感交流回路和师生情感的自控回路。这些回路形成了教学中情感交流的动态网络。教师在英语教学中应充分发挥情感功能，使情感回路变成一个有目标、有序的情感交流系统。

第三，情感功能观。在情感教学领域，情感具有三种功能：一是动力功能，它是指情感对个体的行为具有增力或减力的效果。积极的情感有利于学生主动性的激发；消极的情感则起到相反的效果。动力功能和学习效果呈正相关关系。情感还能通过调节情绪来提高学习效率。二是感染功能，它是指一个人的情感对其他人的情感产生影响。这就要求教师在教学中保持愉悦积极的情感，以此去感染学生。三是迁移功能，它是指一个人对某个对象的情感会影响他对与之有关的其他对象的情感。例如，学生会因为喜欢教师而喜欢该教师所教的学科，所以教师应该充分发挥人格魅力来赢得学生的好感。

第四，情感导乐观。教学的苦学观和乐学观之间的争论由来已久。情感教学心理学认为，学生的学习没有所谓的苦乐属性，苦可以发展成乐，而乐也可以发展成苦，苦乐是动态发展的。当学习满足学生的需要时，学生就获得乐的体验；当学习不满足学生的需要时，学生则有苦的体验。学生乐学有利于学习效果的提高、教学目标的实现，因此，是应该得到提倡的。然而学生的乐学一般是由教师引导的，情感教学就是导乐的有效手段。

## 三、英语情感教学模式的构成要素

英语情感教学模式是揭示英语教学过程中与情感因素有关的结构和程序，它只是单独从情感维度来理解英语教学过程，具体包含以下四个基本要素：

### （一）英语情感教学模式的诱发要素

诱发是指激发学生对学习内容的兴趣，以此来使学生积极地参与当前的认知活动。大学英语教师是在规定的时间、地点，依照规定的教学程序、进度，传递规定的英语知识。这一系列的"规定"让英语教学活动变成一种固定的操作程序，无法迎合学生当时的实际需要。而且，求知需要往往不是学生最为迫切的需要，这一现象背离了英语教学目标。况且，即使学生当时拥有求知需要，其求知需要的具体内容也会与特定的教学内容有分歧。英语教学中普遍存在英语教学活动与学生当时的具体需要不符合的现象。因此，大学英语教师应懂得如何使自己的教学成为学生学习的诱因，激发学习动机，使学生走在主动学习的路上。

### （二）英语情感教学模式的陶冶要素

陶冶是指培养学生高尚的情感以及良好的人格，大学教材蕴含丰富的情感因素，具体可分为四种类型：一是显性情感因素，即通过语言文字等直观形象材料等使人能直接感受到的情感因素，艺术、语文、英语等教材中较为多见。二是隐性情感因素，是指在反映客观事实的过程中使人感受到的情感因素，史地类教材中较为多见。三是悟性情感因素，是本身不含显性或隐性情感因素，但却具有引起情感的某种因素，主要存在于理科类教材中。四是中性情感因素，是目前的认识水平无法体会到的情感因素，仅限于理科教材中，但教师可以通过情感教学策略使学生感受到情感。

### （三）英语情感教学模式的激励要素

激励是指在学习过程中，不断增强学生的自信心，激发学生的动力。随着英语学习任务的加重、学习难度的加大、学习挫折的积累，学生需要补充学习动力。教学评价就是一种情感激励手段，并且它还是学生获得学习反馈的主要形式。大学英语教师对学生多进行肯定、鼓励，同伴们对彼此多给予支持、赞赏，会对学生产生良好的激励效果。情绪对人的学习行为具有强化作用，积极愉悦的情绪有助于学生调动学习积极性，提高创造力，养成良好的情感品质和能力。教师要创设条件让学生体验成功，并利用好强化这一手段。

### （四）英语情感教学模式的调控要素

调控是使学生的情绪始终处于有利于英语学习活动的状态，情绪在很大程度上决定着学生身体的成长、智力的发展和情感的培养。但是，持续的、愉快轻松的情绪状态不一定最有利于英语学习。例如，焦虑对中等以上学习成绩的学生而言，能提高认知活动的效率，强度过大的焦虑会削弱中等以下成绩的学生的创造力。一般而言，强度适中的情绪状态总能为认知活动提供最好的动力。

## 第三节 英语分级教学模式

### 一、英语分级教学的理论基础

#### （一）监控理论

监控理论被认为是二语习得研究中最全面的理论，该理论强调人的大脑有两个独立的语言系统，分别是有意识的监控系统和潜意识的监控系统。监控理论具有五个假说：习得—学得假说、监控假说、自然顺序假说、输入假说和情感过滤假说。

1. 习得—学得假说

习得—学得假说是最基本的一种假说。该假说的核心在于对"习得"和"学得"的区分，以及对它们在第二语言能力形成过程中所起的作用的认识。根据习得—学得假说，成人习得第二语言主要通过两条不同的途径实现。第一条途径是"语言习得"，也就是通过无意识地构建语言体系来获得语言能力。习得者主要关注语言所传递的信息，而不是将注意力放在语言形式上，进而通过目的语交流，自然、无意识地提高语言能力。学生学习母语的过程和这一过程非常相像。第二条途径是"语言学得"，也就是在理解教师所讲解的语言现象和语法规则基础上，进行有意识的练习、记忆等活动，进而掌握其语法概念、了解所学语言。

习得是潜意识地形成语言能力，而学得是有意识地掌握语言结构。二语能力的发展只能是通过语言习得，而"学得"只能在语言运用中起监督检查作用，不能作为语言能力本身的一部分。一般而言，"习得"是第一位的，"学得"是第二位的，但也并不排斥"学得"的作用。就大学英语教学而言，学生的语言综合能力既有"习得"的结果,也有"学得"的结果。在二语学习的过程中,二者是相互伴随的。

2. 监控假说

监控假说认为,人的大脑中有两个独立的语言系统:有意识的监控系统和潜意识的监控系统。在语言学习过程中,监控系统一旦发生作用,就会具有编辑控制的功能,它使语言使用者更加关注语言形式的运用而不是语言内容的表达。这一理论体现在语言习得与语言学得的内在关系上。根据此假说,正在学得或已经学得的规则可对那些按习得的规则说出的话语进行监控和修正,学得的知识通过言语的监控起作用。监控作用的实现需要具备三个条件:第一,要想有效地选择和运用语法规则,语言使用者必须有足够的时间;第二,语言使用者的注意力必须集中在所用语言的形式上,换言之,语言使用者必须考虑语言的正确性;第三,语言使用者必须已经具有所学语言的语法概念及语言规则的知识。

在日常的生活交际中,如果语法规则不是通过习得获得的,人们往往倾向于关注交际的内容而不是形式,换言之,他们很有可能没有时间去细细推敲语法,因此,这些语法规则可能在短时间内无法付诸实践。所以,在口语交际中,如果一方过多地使用语法监控,时刻注意自己口语中语法的准确性并对其中的错误加以纠正,就会使自己的语言不流畅,进而使对方有结束这次交际的想法,从而达不到交流思想的目的。但在需要事先做好准备的正式发言和写作中,语法的使用能提高语言的准确性,进而为演讲或文章增添色彩。有三种不同的监控使用类型:第一种是使用得比较成功的人。这类人在口语交际中常常发生错误,但经人指出后能够自己改正,然而在书面交际时,他们由于比较关注语言形式,很少会出现错误。第二种是使用过度的人。这类人掌握了较为全面和完善的语言规则体系,书面语一般都比较准确,但是缺乏口语交际的信心。第三种是使用不足的人。这类人在口语交际中常常出现错误,并且不能自己改正。

3. 自然顺序假说

根据自然顺序假说的基本观点,学习者遵循一定顺序去习得语言结构知识,并且该顺序可以被预测。有些学习者对某些语法结构掌握得较早,而对其他的语法结构则掌握得较晚。不是每一个学习者都有完全相同的习得顺序,然而这种顺序可能具有某些类似的地方。当学习第二语言时,一般都是先了解现在时然后再学习过去时,先掌握名词复数然后再掌握名词所有格。如果将习得某种语言能力作为学习目标,教学大纲不一定要受这种顺序的制约。自然顺序假说重新明确了第一语言和第二语言学习的关系。有时候,第一语言被认为是学习第二语言的一大障碍,事实上并非如此。第二语言和第一语言可能有许多相同的规律,其语法顺序并不总是受第一语言干扰。汉语和英语在语言功能上是相同的,在某些语言表达方式上也有共同之处。在课堂上,教师有时需要借助母语以便使学生更快、更准确地理解英语,但不是把语法结构进行简单排序。

### 4. 输入假说

输入假说是二语习得理论的核心内容,强调可理解的语言输入是语言习得的必要条件,输入材料本身和输入的方式会影响情感过滤的结果和输出的质量。在第二语言学习的过程中,需要让学习者理解地输入语言超过其现有的语言水平,语言习得才可能发生。学习者通过情境提示的帮助而去理解这些语言,产生语言的能力最终就自然而然地形成了,并不需要教师的传授。理想的输入应该有四个特征:可理解性、既有趣又关联、非语法程序安排和足够的输入量。其中,需要特别说明的是,"既有趣又关联"是指输入的语言应当与学习者相关,并且能让学习者感兴趣。这样,学习者就可以在不知不觉中很轻松地习得语言。"非语法程序安排"是说按语法程序安排的教学行为并不可取也没效果,足够的可理解的输入对于语言习得非常重要。"足够的输入量"即给学习者提供足够多的语言材料。学习者自身创造性构建程序的操作也可能提供新的语言形式。创造性构建程序是学习者依据已习得的规则构建新的语言形式的程序。

### 5. 情感过滤假说

情感过滤假说认为,大量适合输入的环境并不能保证学习者可以学好目的语,情感因素也会对第二语言习得的进程产生诸多影响。通过情感过滤,语言输入才有可能变成语言"吸入"。在语言进入大脑的语言习得器官的过程中,输入的语言信息必须经过过滤这一道关卡。那也就意味着情感因素在第二语言习得的过程中可以有着积极或消极的影响,也可以是促进或阻碍。其中,有三个心理上的因素制约着习得者的语言学习速度和质量,习得者不是将他所听到的一切全部吸收,具体如下:

（1）动力

学习者是否拥有明确的学习目的，这关系着他们的学习效果。学习者只有具备了明确的学习目的，才会获得较大的动力，进步也会比较快。

（2）性格

通常情况下，如果学习者拥有自信、外向的性格特征，并且愿意接受陌生的学习环境，那么他们就会较快地取得学习上的进步。

（3）情感状态

学习者是处于焦虑还是放松的精神状态，这会直接影响外界的语言输入。拥有放松的心情和舒适的感觉显然能使学习者在较短的时间内学得更好。由此可见，学习者的情感因素很大程度上决定着第二语言习得的成功与否。

## （二）迁移理论

迁移在心理学上是指旧知识、技能影响新知识学习的一种过程。按照产生的结果是积极还是消极的，迁移可分为正迁移和负迁移。正迁移是积极的，负迁移是消极的。语言迁移是指一种语言对另一种语言的学习所产生的影响。语言迁移是一个认知心理过程，受诸多因素影响。语言迁移包括母语对第二语言习得的影响和母语向第二语言的借用。长时间接触母语必定会影响第二语言的学习。语言迁移在多数时候研究的都是母语对外语学习或第二语言习得的影响，这时候的语言迁移一般指的是母语迁移。

第二语言学习中遇到的障碍来源于第一语言的定式，在第二语言习得过程中，与母语接近的地方较容易学习，与母语有区别的地方较难学习。当外语和母语的相似度比较大时，就容易引起正迁移。通过对比分析跨语言的差异，人们就可以确定第二语言习得的困难。第二语言习得的困难不总是源于跨语言差异，而且母语在第二语言习得中的作用应重新受到重视。

我国学生是先学习母语的，所以英语学习会受到母语学习经验的影响，只有通过语言迁移这个关键问题，才能科学地解释我国学生英语学习的认知心理过程。研究语言迁移，有助于解释母语在外语学习过程中的作用和外语教学中应如何科学地运用母语等一系列外语教学的根本问题。有人错误地认为，汉语与英语在语言、文化方面的不同，导致汉语母语的负迁移作用大于正迁移作用，所以在课堂上应尽量不用母语，从而避免母语干扰，学习地道的外语。

## 二、英语分级教学的原则

第一,循序渐进的原则。循序渐进的原则是指教师在课堂中讲授基础知识的时候,要遵守学科知识体系的规律,针对不同学生的情况采取适当的教学方法进行系统的教学。学习是一个不断认识、不断积累的过程,没有平时量的积累,就无法实现质的飞跃。因此,学生在学习中要做到循序渐进,只有这样,才能将知识学习得更扎实。高校英语分级教学使教师得以在学生英语知识体系的基础上进行教学,采取适当、科学的教学方法,如对知识水平较低的学生,则最好采用句式教学,使学生能够有一个适应的过程,循序渐进,逐步夯实基础,从而提高他们的语言知识和技能水平,而对水平较高的学生可实行语篇教学。

第二,因材施教的原则。每个学生都是不同的。他们来自不同的家庭,具有不同的教育背景、不同的个人经历和不同的语言才能,因此,在教学过程中,教师需要考虑学生之间的差异,针对不同情况制订不同的应对方案。个别学生的差异是教学中一个更重要的变量,反映了教师根据他们的才能进行教学的必要性。根据学生的能力进行教学的原则是,教师应从学生的实际情况入手,明确地进行教育。高校的英语分级教育针对所有学生,要考虑到学生的特殊情况,并为每个学生提供最合理的学习条件。

## 三、英语分级教学的实现途径

### (一)精准分级

分级教育考虑了学生英语水平的差异,因此,不可能制定相同的教育目标。根据学生的水平,需要制定不同的教育目标,这就要求教师不要过分要求缺乏基础的学生。因此,水平设置得越合理,就越有可能提高教育的成功率。

当前,英语教育应考虑到学生的实际情况,分为三个层次:一般要求、较高要求和更高要求。为了制定最科学的教育目标,教师需要更好地了解学生,考虑学生的英语基础知识和发展潜力,并将其分为三个级别,即初级、中级和高级。因此,所有刚进入大学校园的学生都要参加入学考试,这是教师分级的依据,然后将基础良好和基础较差的学生分配到不同的班级。尝试使每个班级的学生人数几乎相同。

初级班的学生没有足够的英语基础知识,针对这种情况,教师需要在教学过程中放慢节奏,并逐步加强基础以满足一般要求。中级班的学生总体水平较高，对基础知识有较好的掌握，一般而言，他们的听力和口语能力相对较弱。教师可以根据情况以正常的速度进行教学。经过四个学期的学习，他们可以满足大学英语四级考试的要求，并取得满意的成绩。被安排到高级班的学生，基础一般很扎实，教师针对这种情况应加快教学进度，侧重于听说能力的练习。同样，在第四学期之后，学生将达到英语六级标准。教师还可以考虑在第四学期提供一些选修课以满足他们的兴趣，进一步提高他们的英语水平。

由于存在考试，因此不能缺少试题，并且试题必须科学且具有层次性。教师还需要根据相应的教育要求制定最合理的评估标准。试卷需要两种类型的问题，分别是基本问题类型和较困难的问题类型。教师还需要在考试前预测结果，并在考试后进行深入的分析。长此以往，教师将在这方面逐渐积累经验，分级试题也将逐步成熟。

### （二）提高区分度

分级考试，自然与分级的分数线是分不开的，分级的分数线是划分级别的关键标准之一，通常而言，是根据高考和入学基础测试的分数设置的。中国很多省和直辖市都有自己的高考题，难度和考试类型也不同，因此，高考分数不能准确地区分学生的真实水平。需要注意的是，入学摸底考试也不能完全能够反映学生的真实水平，因此，高考和摸底测试的结果不能完全衡量学生的水平，但是它们的参考作用不能忽略。

另外，教师需要清楚地向学生解释各个级别的听力、口语、阅读和写作方面的不同起点、学习要求和最终目标。之后，学生将根据自己的情况向学校申请一个等级，学校最终将批准该等级。由于学生最了解自己的基本水平和兴趣，因此让教师独立评分可以产生显著的积极效果，并极大地激发他们学习的积极性。

### （三）制定科学的评价标准

如果不同级别的学生回答相同的问题，则高级班学生的成绩应相对较高。在分级教学模式下，各个级别的学生的试卷通常难以测试教学效果，从而缩小了同一自然班级学生在英语成绩方面的差距。英语水平高的学生的最终成绩比英语水平低的学生不会相差太多，但是，现在多数学生在各个学科中的成绩是奖学金评估的重要参考因素之一，英语课占非常大的比例。然而，英语水平较高的学生无法充分展现其学习英语的能力，这对年底的总体评价产生了不利影响，也对他们的学习热情产生了影响。面对这种情况，教师要立刻采取如下应对措施：

第一，加强试卷命题的科学性。在确定分数时，根据每个级别的试卷难度，教师可以引入一种加权算法来设置科学系数并调整高年级或低年级学生的整体分数。

第二，在循序渐进的教学评估和管理中，不逃课、按时完成作业、积极参加课堂教学活动的学生，将在最终成绩中体现，尽量做到形成性评价与总结性评价相结合。

### （四）落实灵活升降机制

大学英语分级教学要采用灵活的升降调整机制，它是指通过考核和征求意见的手段在一定范围内定期调整学生的级别，使学生所受的教育和当前的状态相匹配，因为高级班和初级班的教学进度和教学形式有很大差别。对进步的学生安排升级，这样不仅可以提高学生的积极性，还能为其他学生树立榜样；对退步的学生要安排降档，这样可以刺激退步的学生重新调整学习策略，以便取得更大的进步。当然，也可以只在初级班和中级班之间实施升降机制，初级班和中级班统一教材，定好升降级的比例或者名额，一定周期进行一次微调，这样不仅做到了不同级别之间的良好衔接，而且科学合理。

## 四、英语分级教学存在的不足

高校英语分级教学的实施，对教师与学生双方都有积极的影响，既可以提高学生的学习成绩，也有利于教师根据学生的不同情况施行不同的教学策略。然而，在实施的过程中会出现一些问题，如果这些问题没有得到妥善解决，就会影响教学效果。另外，分级教学与传统教学相比发生了很大的变化，学生可能不会固定于某一个班级，因此，学生之间的熟悉程度较低，相互交流会产生一定障碍。与此同时，随着经常被"升降"，部分学生的压力会加大，这个压力可能是长期的，也有可能是短期的，从而产生焦虑的情绪，这对学习是一个很大的阻碍。

## （一）初级班教学中的常见问题

初级班学习的常见问题主要体现在以下方面：

第一，学习方法不得当。初级班学生的学习方法往往存在问题，他们总是认为学单词和语法是英语学习中的关键，因此，学生就把学习的重心放在这两者上，进行机械的记忆，而不是情景记忆，还忽视了听、说、读、写、译的重要作用，没有展开综合性训练。一些学生不懂得举一反三，缺乏灵活运用的能力，这样的记忆时间不会很长，过一段时间很可能就忘记了，这就是学习方法不当的弊端。长此以往，学生在英语学习方面的自信心受影响，会逐渐放弃英语学习。除此之外，初级班学生还存在一个普遍的问题，就是过分依赖教师，遇到问题时会直接问教师，缺乏自己思考的过程，甚至会出现课后不复习、教师分配的作业不完成的现象，因此，学生应养成良好的学习习惯，更要有良好的学习态度。

第二，学习兴趣低，目的不明确。一般而言，初级班中的一些学生对英语没有正确的认知，认为英语并不是很重要，对他们以后的人生不会起到太大的作用。因此，他们对英语学习没有明确的目的。起初，他们接触英语学习可能只是出于好奇，学习一些简单的知识。久而久之，随着词汇量的增多、语法知识的复杂，这些学生不想再进一步学习，于是容易产生放弃的心理。由此可见，由于缺乏正确的理解，学习英语并没有成为他们真正的内在需要，很难对学习产生兴趣。

## （二）导致学生焦虑心理

学生在学习过程中的焦虑一般产生于自信心与自尊心的受挫，这种挫折来自其预期目标不能达成或学习障碍不能克服而给自己心理上带来的影响，这种失败感和内疚感产生的影响带给了学习者紧张不安和恐惧的情绪状态。英语学习焦虑产生于英语学习过程的独特性，是一种特定情境下的焦虑，是一种与课堂语言学习相关的自我意识、信仰、情感和行为的情结。英语学习焦虑可以分为三种类型。一是交际畏惧。交际畏惧是指学习者对实际或预期的交流活动产生恐惧或焦虑。典型的行为模式是避免沟通。二是考试焦虑。考试焦虑的主要原因是害怕考试失败，这是学习者的恐惧，因为学习者担心考试发挥失常可能导致的各种负面影响。三是负评价恐惧。负评价恐惧是指学习者因为他人可能对自己进行负面评价而产生恐惧和沮丧。学习者的语言学习是一个循序渐进的过程，它使学习者可以在不同的阶段经历不同的压力，从而可能产生不同的焦虑。

随着英语分级教学的施行，每个层级的学生都会面临新的挑战，这些挑战会在很大程度上超越进入高校之前所面临的挑战。普遍而言，刚进入高校的新生，学校会结合他们的高考成绩及分级考试的成绩将他们安排到不同层级的班级中学习。大多数学生会进入中级班学习，其余基础知识较好的学习者和相对较差的学习者会分别进入高级班和初级班学习。

## 五、英语分级教学的优化方案

### （一）初级班教学的优化

#### 1. 激发学生的学习兴趣

兴趣是决定学习效果的重要因素，也能够起到促进学习进步的作用。如果学生在学习过程中没有兴趣作为支撑，那么学习就会成为一种负担，从而产生消极情绪。反之，拥有浓厚学习兴趣的学生对学习会有很大的热情，从而产生积极的情绪。由此可知，学习兴趣可以上升为学习动机，激发学生的学习积极性，从而达到最终的学习目标。初级班中的很多学生都想提高英语成绩，但是基础比较薄弱，接受能力不强，在考试中屡遭失败，长此以往，会减少学生对英语学习的兴趣。因此，教师一定要先从自身做起，热心帮助学生，使之重建信心，进一步激发英语学习的兴趣。

（1）调动学生的积极性

教师可以利用多媒体、网络等信息技术手段来辅助教学，这种多媒体网络信息技术摆脱了传统教学方式的枯燥、乏味，视、听等多种感官同时并用更加形象、直观和生动，对学生加深知识的理解和记忆的强化具有很大的助益。

需要注意的是，一味地采用传统的方式无法激发学生的学习热情，更会让其感到英语学习的枯燥和艰苦，在心理上总想远离，不适合初级班的学生。教师在教学中，还要开展多种形式的教学活动，例如，讲述英语故事、学唱英语歌、进行简单的情景对话、做一些单词拼写游戏等，这些充满趣味性的学习活动可以很好地调动学生的积极性，培养其学习兴趣，使其每次上课都有不同的感受。很多学生都喜欢看外国电影，教师可以充分利用这一情况，在教学中或让学生背诵一段英文对白，对着屏幕进行表演。另外，还有一些学生爱好唱歌，尤其是英文歌。教师可以充分利用这一点，让学生听歌填词，在黑板上抄写他们学到的英语歌词，并空出个别单词，在学生听到后将其补全。这样，他们就会产生兴趣并能够认真听了。这样，学生不仅可以学习英语歌曲，而且可以提高英语听力。

在课堂上，学习的兴趣和积极性直接关系到学生的学习成效，所以教师可以想方设法利用各种小游戏和活动来调动学生的积极性，可以给学生制定一些任务，这些任务一定要有趣味性，而且要和生活紧密相关，这样学生才会有兴趣完成它们。例如，教师可以在课堂上采用情景话剧的语言训练形式，先对学生讲解关于问路、吃饭、购物等常用的生活用语，学生了解后，教师规定时间让学生进行相关的情景对话训练。对话完成后，教师根据学生的表现对其做出评价，对表现好的同学进行表扬，对表现不太好的学生给以鼓励，希望他们继续努力，争取下次取得好成绩。总而言之，课堂上经常进行一些与英语相关的教育活动，可以激发学生的热情，比起枯燥无味的讲授更能调动学生的积极性，从而提高他们的英语水平。

很多情况下，初级班中的学生的基础相对薄弱，理解能力也有限，教师不可进度过快，不可讲述太多、太复杂的知识，因此，教师在教学计划的制订上要多下功夫，尽量做到让学生乐于接受和参与，适当降低难度，尽量使所有学生都理解，深入浅出地进行讲解。教师在讲课的过程中，语言要尽可能通俗易懂，语速适当放慢，同时还要密切观察学生是否听懂了，当他们没听懂的时候要再讲一遍，或者举一些简单的实例，以便学生更快地理解。另外，在生词教学的过程中，难免会遇到一些难度较大的单词，有的单词很长，学生很难读出来，教师可以把这种单词写在黑板上，将之分解成几个部分，让学生看清楚单词的结构，不要求速度只要求准确性。在教授语法时，教师讲完一个语法现象，一定要结合所学知识随堂做练习，使学生学完知识后立刻进行实操，从而提高学习效率。

（2）加强师生之间的沟通

在大学校园中，教师要有一定的心理准备，要有耐心，要对学生有全面客观的认识，因为每个人都有自己的专长，对待英语初级班的学生，要像对待成绩优秀的学生一样关心和爱护他们，对他们做到平等、尊重、理解。如果教师在授课时总是面无微笑，表情很严肃，师生关系紧张，对学习成绩不太理想的学生态度不好，这会降低学生的学习积极性，增加其焦虑感，从而对学生的学习效果产生负面影响。反之，如果师生关系和谐、友好，那么无论从学生还是从教师的角度，课堂教学都是一个十分愉快的过程，学生会感受到教师给予的温暖，从而产生幸福感，这有利于课堂的学习。

良好的师生关系可以培养学生自尊、自爱、自信、自强的精神，让他们深刻感受到自身存在的价值和意义。很显然，学生的学习效果与师生关系是紧密相连的，学生在良好的师生关系中进行学习，思维会变得更加活跃，对教学活动更有兴趣参与，消除对自己的质疑，增强自信心。学生面对教师的关怀会产生一种感激之情，因此，教师要经常与学生交流、谈心，把学生当作自己的好朋友，了解他们对英语学习的真实想法，找出他们在学习中的困难之处，与他们共渡难关。

（3）使学生获得成就感

学习的最终成果怎样会在学习者的心理上引起不同的情感体验。如果学生在课堂中总是能感觉到成功，这势必会增强自信心，对英语学习越来越感兴趣，从而形成一个良性循环，达到教学目标指日可待。而初级班的学生考试成绩不理想的次数很多，得不到很好的自我肯定和积极评价，久而久之，他们就逐渐对英语学习开始排斥，一接触到英语，心理上对自己的反馈就是负面和消极的，这样，英语学习就成为他们心中的压力。由此可知，成就感在很大程度上影响了学生的学习效果。因此，为了使学生在接触到英语时对自己的反馈不再是消极和否定的，教师应该不断为学生创造英语学习的机会，让他们尽可能体会到成功的喜悦。

需要注意的是，成功与否并无固定的标准，圆满完成练习，优秀的考试成绩，正确地回答教师提出的问题，乃至读对一个句子、一个段落、一个单词，这些学习过程中微小的成绩都可视为学生的成功。教师可以进行表扬，这样学生体验成功的机会就会增多，信心的建立也更加容易。一般而言，学生很在意教师对他们的看法与态度，这就要求教师将情绪中积极的一面展现出来，杜绝训斥学生、发脾气的现象，否则会对学生心理产生很大的伤害。所以，教师要经常给予学生鼓励和表扬，即使学生没有正确回答教师提出的问题，也要及时地给予鼓励，让学生不要灰心，下次争取回答正确，进一步发挥启发引导的作用。在教师的引导下，学生能够很好地完成课堂训练时，教师要及时给予肯定。另外，在平时的作业批改中，教师也要对学生进行鼓励，写一些积极的评语，这样也会传递给学生一种温暖和成就感，对学生的英语学习是一种激励。

## 2. 培养学生的自学能力

一般而言，初级班的学生没有正确掌握学习方法，从而导致学习成绩不理想，这需要教师给予帮助。教师在教学过程中应重视指导学生有关学习方法的问题，使学生尽快摆脱机械性背诵的学习方式。教师在教学过程中要经常引导学生用正确的方法学习单词，如构词法、归类法、联想法以及拼读法等。

有的学生是以不出声音的方式学习单词的，经常埋头默写单词，这种方法既枯燥又得不到好的效果。实际上，有一种方法可供学生参考，那就是"大声朗读法"。"大声朗读法"是指大声朗读正在学习的单词，并反复训练语言器官和听力。久而久之，朗读单词的声音就会刻在脑子里，不仅听力得到了提高，而且英语发音也得到了改善，单词自然就记住了，达到了"一举三得"的显著效果。除此之外，教师需要更加努力，教给学生听、说、读、写、翻译和其他技能，并鼓励学生探索新的学习方法，以便找到适合自己的最佳学习方法。一般而言，初级班的学生对教师的依赖性很强，学习主动性也不高，教师除了加强学习方法指导外，还要注重培养学生的自学能力，具体做法如下：

第一，教师要利用合理的方式让学生认识到学习观念的重要性，教育他们不能过于依赖教师，教师只是起到一个引导的作用。另外，教师还要教育学生在课堂上认真学习，积极参与各项组织活动，在课下也要主动学习相关知识，要求学生不仅要接受教师的指导，还要尝试自主学习，只有学习观念发生了转变，才会形成正确的学习态度。

第二，教师要引导学生养成完整的学习习惯，如课前预习，课后复习，适当布置一些课前预习的作业，如根据音标读出单词，对课文内容有一个大致的了解等。在上课时，教师要对学生的预习情况进行大致了解，主要以提问的方式，这在一定程度上起到了督促的作用。另外，教师还要引导学生做好课后复习，每讲完一课都要对学过的知识进行检查，如听写单词、词组，背诵课文段落或造句，从而加深学生对其的印象，达到巩固的目的。为了更好地帮助学生查缺补漏，教师还要适当安排一些单元测试，这样就能比较直观地让学生了解知识上的漏洞，从而尽快弥补，为下一个单元的学习打下良好的基础。

教师应培养学生独立思考的能力，遇到问题先自行研究，实在不会再问教师。进行课外阅读也是提高英语水平的一个途径，因此，教师要鼓励学生开展课外阅读。课外阅读可以扩大学生的知识面，提升他们对英语学习的兴趣。教师可以选择一些比较容易、有趣的文章，教给学生相关的阅读技巧，引导他们灵活运用所学的英语知识进行阅读，并适当做一些阅读训练。

### 3. 提升课堂教学质量

若是学生课堂表现比较散漫，教师要及时采取措施，改善局面。教师在课堂教学中要制定相应的制度，做到奖罚分明。对于那些不迟到、不早退、课堂表现好、积极思考的学生要进行表扬，鼓励他们继续努力；对于那些学习态度和课堂表现不好的学生应及时进行批评教育。如果教师对学生的批评过于严厉，学生会无法接受，从而出现逆反心理，产生一些不愉快的后果，因此，教师在批评教育学生的过程中一定要注意用正确的方式。

需要注意的是，教师对待学习成绩较差的学生一定要格外爱护，不断发现其优点，对他们的帮助要有耐心，对他们的进步要给予鼓励，用真诚的态度和认真负责的工作方法使他们心悦诚服。学生的管理工作比较复杂、琐碎，需要学校各部门人员的有效配合，从而达到有效管理学生的目的。

综上所述，分级教学无疑能使高校英语教学变得更加有效。初级班教学还存在很多问题，教师要继续研究与解决，在付诸实践的同时也要进行经验的积累。教师一定要充分发挥自身的作用，为初级班教学做出贡献。教师需要正确地理解表现不佳的学生，减轻他们的心理负担，克服学习障碍，建立健康、进步的生活方式，并耐心地帮助他们发展潜力。只有这样才能提高他们的学习成绩，从而达到教学目的。

### （二）学生焦虑心理的解决办法

就高校英语教学体制而言，分级教学是对传统英语教学方式的一次革命，由于分级教学中包含着竞争机制，这就必然会引起学生的负面情绪，如不适、不安、危机感和焦虑感。随着分级教学的施行，一部分基础好的学生会提前完成课程任务，修满学分，之后选修一些其他的课程，使自己的英语水平继续向高处迈进。而没有完成任务的学生可能会产生负面的情绪。除此之外，很多学生还面临着这种情况：以往只在一个自然班级内部存在的某一门学科学习水平的差异会因分级教学而扩大到整个学院乃至整个学校，他们将会承受很大的压力，容易否定自己的价值。

在高校英语分级教学的过程中，英语教师和教学管理人员要针对不同层级学生的情况，了解他们焦虑的真正原因，最大限度地降低学生的焦虑情绪。焦虑的产生是一种正常的心理反应，因此，教师要让学生摆正心态，正确认识焦虑，它是每个人在生活中都会遇到的，属于生活中的一部分，有压力很正常，有焦虑也正常。但是，需要注意过分的焦虑会导致心理和生理上的功能障碍，严重的焦虑会削弱人们的认知功能、中断记忆、阻碍正常活动。然而，适度的焦虑会产生积极的作用，能使人们在面对困难时集中注意力，保持活力、耐力和毅力。学生只有正确认识语言焦虑，才能对自己有正确的认识与评价，从而学会通过一些适当的方式来释放压力，缓解紧张情绪，进而达到降低焦虑感的作用。

教师平时一定要密切关注学生，观察他们的所作所为以及情绪变化，针对他们的情况，尽量帮助他们缓解压力，从而减轻他们的焦虑感。教师经常对学生进行心理疏导，对学生会有很大帮助，在减少焦虑方面的效果很明显，而且还会提高学生的学习成绩。不仅是英语学科，其他学科也是如此，教师与学生之间的情感交流会在一定程度上影响学生对这门课程的学习态度。因此，最大程度降低学习焦虑的方法就是增进师生间的情感交流以及建立和谐、良好的师生关系。

很多学生在外语学习中焦虑感很强，主要是因为一些综合的因素，例如，认为自己没有外语天赋，对自己的评价不正确，信心缺失等，如果教师在这个时候鼓励他们，肯定他们的能力，学生就会逐渐恢复信心，对自己逐渐有一个正确的评价，从而减轻焦虑感，提高学习成绩。

很多学生对期末考试有恐惧感，这也是学生产生焦虑的主要原因之一，那么，学校针对这种情况要开展一些措施，如完善成绩考评结构。换言之，学校不要把期末考试当作评价学生本学期学习成果的唯一标准，要适当降低期末成绩中卷面分数的比例，提高平时表现的成绩。这样，学生对期末考试就没有那么担心了，更加重视平时的学习过程与表现，从而在一定程度上提高语言能力。

另外，教学管理人员在实施分级教学时要贯彻落实"两头小，中间大"的原则，从而将负面影响降到最低。"中间大"指的是进入中级班的学生的人数最多，一般会多于总人数的50%；"两头小"是指分入高级班和初级班的学生人数比例要小。一般而言，各高校规定高级班与初级班的班级人数总和不得超过总人数的20%。在学生进入分级教学之前，教师就应具体告诉他们关于分级教学的目的、必要性以及优势。只有这样，学生才会对分级教学有一定的了解，不会过于抵触这种教学模式，也不会误解教师的用心，从而让学生可以快速适应分级、考试等情况，减少焦虑的产生。不仅如此，还能提高学生对学习的积极性，学习动机更加明显，从而提升学习质量。当学习内容被赋予积极的情绪时，学生就会认为学习是一件很愉快的事情，而且可以促进自己的进步，提升自己的能力，从中获得满足和快乐。

## 第四节　英语混合式教学模式

混合式教学"就是指将传统的线下课堂教学与新兴的线上网络教学合二为一的教学方式"[1]。混合式教学方式既保留了传统教学的优势，又结合了新型教学的长处，使学生获得多样性的学习渠道和资源，能够保持学习的新鲜感和驱动力。在信息时代，学生获取知识的途径早已经发生了翻天覆地的变化，各类慕课、微课、翻转课堂等成为学生们日常学习生活的一部分，它们以短小精悍的特点迅速抓住了学生们的注意力，完美地利用学生们的碎片时间，深受学生的青睐。

### 一、英语微课教学模式

教师在进行大学英语课程教学时，应重点培养学生的英语听、说、读、写、译能力以及跨文化交流能力。微课的模式可帮助教师获取大量的英语教学知识，以此来满足大学生全面发展的需求。"微课可改变传统的教师教学理念、英语教学模式、课程教学内容等，教师将建立以学生为中心、以学生能力培养为导向的现代化教育教学目标。"[2]

---

[1] 袁园. 信息化背景下大学英语混合式教学模式的研究[J]. 英语广场，2021，(34)：97.

[2] 陈洁. 基于微课的大学英语教学策略研究[J]. 校园英语，2022（3）：12.

## （一）微课教学模式的体系

### 1. 微课教学的要点

（1）观感舒适

一个设计优秀的微课主要取胜于三个方面，即简洁的文字、精美的画面以及和谐的音乐，从而使受众观感舒适：①文字简洁，微课的播放要具备适当的字幕提醒，不同时段的讲述重点要通过最简短、准确的文字呈现给受众，但是文字简洁要以内容传递的准确性和前后关联的逻辑性为前提；②画面精美，教师在微课制作前应对所教授的内容从宏观到微观都能做到主次分明、心中有数，只有这样，教师才能通过课件将其中内容的层次以独特的画面语言告诉学生；③音乐和谐，不是所有的微课都需要添加动听的音乐，但是为了取得更加完美的教学效果，教师可以适当地添加能够起到舒缓学生情绪、维持学生注意力作用的乐曲。需要注意的是，不论文字、画面还是音乐，对于微课教学而言，这些都不是制作者最应该投放精力的地方，微课的关键还是在于内容的选取和讲授，切忌出现舍本求末的情况。

（2）简洁易懂

微课，重在一个"微"字，一般而言，微课教学的视频时长为5～10分钟，教师要想在如此短的时间内呈现出最精致的教学内容，就要求教师在微课的制作过程中力求既"精"又"简"。由于微课的内容是针对某一个重要知识点而展开的具体介绍，因而教师应该紧紧围绕核心内容进行剖析，最好能做到开门见山、直入主题。对于教师而言，能用一句话概括的内容绝不进行连篇累牍的详述，能用最通俗易懂的案例绝不进行牵强附会的拓展。教师要利用精辟简洁的文字激发学生开放发散的思考，真正帮助学生实现自主性学习。

（3）内容完整

微课，虽然"形"微，但其"神"不微。微课的授课时间虽然短，但时间的压缩并不意味着质量的降低，每一个微课的内容都是经由制作者严格筛选而来的最具有价值的知识点，短短5分钟的视频所囊括的内容不仅主题清晰、结构完整，并且要点突出、结论明晰，其所列举的案例往往也都跟学生的日常生活紧密相关，便于学生的理解。学生虽然只是通过屏幕进行学习，却也能够真正收到和课堂教学一样的学习效果。

## 2. 微课教学的特征

（1）主题明确的特征

教师在进行微课制作的过程中，主要将教学中的难点知识和重点知识融到微课的制作中。由此可见，微课教学在主题上以明确为主，在内容上以简洁为主，这是传统教学无法比拟的优势。总而言之，主题明确是微课的主要特点之一。在微课制作中，教师只有明确了主题，才能从中选取一些重点知识、难点知识，才能保证主题内容的典型性和代表性。与此同时，主题明确的微课教学能够激发学生学习的兴趣，有利于集中学生的注意力，同时也有利于学生快速地理解主题内容。

（2）弹性便捷的特征

教师涉及的微课资源容量较小，很多资源容量都在百兆以内，这种小容量的资源在存储过程中更加便捷。也正是因为如此，微课教学和微课学习成为可能。总而言之，学生在学习微课视频的过程中，不仅不会花费太多时间，还会更加集中精力进行学习，真正提高了学生学习的效率。同时，学生可随时随地进行学习，弹性地安排自己的学习时间，为学生的学习提供了很大的方便。

（3）多元真实的特征

多元真实的特点主要可以从多元和真实两个方面入手进行分析：①微课的多元，主要强调的是微课资源的丰富性和多样性。比较常见的微课资源主要有微课视频、微课件、微练习等，这些能够为学生学习提供丰富的资源。由此可见，资源的多样性是传统教学模式无法比拟的，微课多样化的教学资源也能够促进教师的发展。②微课的真实，主要强调的是教学情境的真实性。微课教学注重真实情境的创设。教师在制作微课的过程中，会将教学内容融到具体的真实情境中，从而形成微视频。与此同时，还需要指出的是，教师在创设真实情境时应该多贴近学生的现实生活，只有这样，才能促进教学目标的实现。

（4）实践生动的特征

由于微课开发的主体是广大一线教师，加之微课开发的本身就是以学校的教学资源、教师的教学与学生的学习为基础的，因此，越来越多的学校通过微课这种新的学习方式进行探索研究，挖掘本校的微课建设，这本身就具有很强的实践性。在实践的过程中，教师需要注意微课的表达方式，生动活没不仅体现在微课画面设计、微课音乐设计、微课主体设计等方面，还体现互动方式、设计步骤等方面。总而言之，实践生动是微课的主要特点之一，也是微课广泛应用于教育教学中的主要原因。

（5）共享交流的特征

微课的共享性主要强调的是微课资源的共享。微课是信息技术与教学内容的有机结合，具有资源丰富、方便快捷、互动性强等特点。微课不受时间和空间的限制，学生可以充分利用自己碎片化的时间进行学习，微课实现了资源的共享。

此外，学生可以在微课平台上进行互动和交流。教师也可以充分利用微课平台的优势，将一些短视频、微课件、微练习等上传到网络平台上，学生可以在平台上与教师、同学一起学习、互动和交流。教师可以学习其他教师的微视频，从而吸收他人的教学经验，弥补自己教学的不足。教师也可以在平台上与其他专家型教学进行交流和互动，在教学反思和教学互动中不断提升自己的教学能力，最终促进自身专业发展。由此可见，微课的共享交流不仅有利于学生与教师、教师与教师、学生与学生之间的交流互动，还有利于形成平等、和谐的师生关系。更为重要的是，这种共享交流能够提高学生的学习效率，促进教师的专业成长。

### 3. 微课教学的作用

（1）打破传统课堂约束

第一，从学生角度而言：①提高了学生学习的效率。无论是哪种形式的教学，教师在一节课中讲授的精华内容通常都是这节课的重点知识、难点知识和关键知识，这些精华的讲解部分也是这一节课的高潮部分，学生应该把握住这一部分的学习。学生对某一知识点视觉驻留的时间一般是20分钟，这就要求学生快速捕捉一节课的高潮部分，并集中精力地听讲和学习。②有利于学生的自主学习和有选择性地学习。随着信息技术和网络技术的发展，教学的灵活性、自由性、不固定性更加凸显。学生也不需要像传统课堂教学那样，在固定的教室进行学习。学生可以根据自己的学习情况以及需要，有针对性地在网络平台上学习。与此同时，有一些知识也不需要系统学习，针对某一个小的知识点或问题，学生可以从网上或目录中快速捕捉到解决方法，没有必要像传统课堂那样通揽整堂课。由此可见，这种学习方式具有很强的针对性。学生可以针对某一问题在网络平台上自主查找，自主学习，自主选择，改变了传统教学中学生被动接受知识的局面。

第二，从教师角度而言。微课是对传统教学模式的改革和创新，这种新型的方式，不受时间和空间的限制，学生可以随时随地进行学习，有利于学生的自主学习，确立了学生的主体地位。在微课背景下，教师可以充分利用丰富的微课资源进行教学设计，并在微课平台上与其他有经验的同行进行交流学习。尽管微课改变了以教师为中心的教学模式，但这并不意味着教师就不重要了；反之，教师在教学中仍发挥着重要的指导作用。教师还应该对学生在微课平台上的学习情况进行监督，必要时，教师也应该参与进去，与学生共同学习、交流和互动。此外，教师还应该及时发现学生的问题，并及时进行纠正和指导。总而言之，微课教学对教师而言，是一种挑战。教师应该不断学习、不断充实自己，只有这样才能更好地迎接微课带来的挑战。

（2）促进教师专业成长

微课作为信息化教学的重要组成部分，在学生学习、教师发展、教学改革、实践创新等方面起着不可替代的作用，这里主要结合教师的专业发展来讨论微课的价值。

第一，有利于提高教师的教学素质和专业素养。微课在具体应用时主要体现为两种不同的形式：①具体而微的形式。纵观微课的整个教学设计和过程中，它囊括了整个教学过程以及教学中的重点、难点和关键点，同时涉及完整的教学环节。微课中包括新课导入、知识点剖析、内容讲解、教学评价、教学反思、习题设计等，这些完整的教学环节有利于学生全面学习知识。②微小的片段。一个完整的教学过程是由很多教学环节组成的，为了突出某一个环节，设计者可以将某一环节录制成一个教学片段，这个教学片段包含的内容也很多。例如，教师如何处理教学难点、如何突出教学重点、如何凸显教学技巧等。在片段的录制过程中，要遵循真实性的原则。

总而言之，在微课制作过程中，教师需要将教学的重点知识、难点重点、关键知识等融到微视频中，而且这个微视频通常是不超过10分钟的。与此同时，教师还要在微视频中突出教学目标。这对于教师的教学素质和专业素养有着很高的要求。因此，微课在很大程度上促进了教师教学素质和专业素养的提高。

第二，有利于提升教师的信息处理能力和水平。在微课设计与制作过程中，教师可以采用多种方式，最常用的方式有加工改造式和原创开发式。

一是，加工改造式的对象是传统课堂，呈现方式是多媒体。换言之，就是对学校中已经存在的教学视频、教学课件等进行加工、整理、编辑等，然后融入一些其他的资源，进行提炼、压缩等处理，使之形成短视频。这就是微课的加工改造式过程。

二是，原创开发式强调的是微课制作和设计的原创性，这种方式不仅有利于微课的原始制作，还有利于微课资源的开发。利用原创开发式制作微课视频，需要多种技术手段的支持。因此，教师应该在具体制作过程中，根据实际需要科学选择技术手段，从而保证微课的质量和效果。

微课是一个教学载体，它承载着教学过程、教学目标、教学环节、教学内容等。因此，教师在制作微课时，不仅要考虑视频，还要考虑网络技术、学生因素等。只有综合各种因素，才能制作出优秀的微课，也才能为学生提供高质量的学习资源。在微课制作过程中，不仅需要技术手段，还需要保证软件的新颖性。只有具备较高信息处理能力的教师才能满足微课的技术和软件要求。可见，微课的制作在很大程度上能够促进教师信息处理能力的提高。

## （二）英语微课教学的实现条件

### 1. 信息技术的快速发展

信息技术已经广泛应用于各个领域，在此背景下，无线移动网络的覆盖率也在不断增加。无线移动网络能够为学习者的学习提供便利。近年来，随着移动手机的不断更新和换代，学习者利用移动手机进行学习成为一种必然。另外，在信息技术、网络平台、大数据、云计算、应用软件等应用技术的推动下，移动终端实现了快速联网，同时它在教学中的应用也越来越普遍，这些都为微课在教学中的应用和发展奠定了基础。

随着信息技术的发展，信息技术对教育教学也产生了前所未有的影响。我国很多高校也意识到信息技术在教学中的重要性，并将信息技术应用于教育教学中。同时，高校在利用信息技术辅助教学的同时，也开始重视信息技术与课程整合及信息技术与学科整合，这是教育信息化发展的必然。在当今时代，现代教育已经意识到信息化教学和人才培养模式的重要性，并利用信息化教学促进人才培养模式的改革，从而为社会输送高质量的人才。要想实现信息化教学，就应该重视信息技术与课程整合。

信息技术与大学英语教学的有效融合，有利于提高学习者的学习效率和大学英语教学的效果，更有利于实现大学英语教学的目标。微课是教育信息化发展的必然趋势，将微课应用于大学英语教学中，必能促进大学英语教学的发展。微视频是微课教学的重要载体，微课教学的实施和发展离不开现代信息技术的发展。因此，高校必须为大学英语微课教学提供必备的现代信息技术支持。现在高校网络教学设备日益完善，网络信息化体系也日益健全，这些都为大学英语微课教学的顺利实施奠定了基础。

除此之外，当前大学生利用手机等移动设备进行自主学习的现象越来越普遍。因此，在教学中，教师可以鼓励和引导大学生通过移动设备来观看微课视频，这样有利于促进大学英语微课教学的实施。

### 2. 英语教学理念的进步

随着网络信息技术在教育领域中的广泛应用，教育信息化应运而生。微课是教育信息化发展的结果，它作为一种新的教育教学理念，在教育教学中起着不可替代的作用。随着网络信息技术的迅速发展，世界各国之间的交流与互动日益频繁。世界各地的人们打破了时间和空间的限制，可以随时随地进行交流和互动。网络信息技术在教育领域中的广泛渗透，改变了传统的教学模式，教师教学和学生学习都可以不受时间和空间的限制，学生与教师之间的交流与互动可以在线下进行，也可以通过网络信息技术在线上进行。同时，在网络信息技术的影响下，教育教学模式不断改革和创新，一些新的教学模式也逐渐应用于教育教学中，例如，翻转课堂、慕课、远程教学等。这些都为教师的教和学生的学提供了新的方式。

"移动化""碎片化"的学习模式应运而生，这些学习模式在很大程度上促进了学习者的学习。"移动化"强调的是打破时间和空间的限制，可以在任意时间、任意地点进行学习；"碎片化"主要强调的是容量比较小，学习起来比较方便。这种学习方式是教育信息化发展的产物，有利于学生根据自己的学习情况自主建构知识。微课具有短小精悍、目标单一、主题明确的特点。这些特点与当前提倡的"移动化""碎片化"学习的要求不谋而合。微课不仅容量小，所占的内存也比较少，而且能够以多种设备作为载体，方便学习者随时下载、随时存储和学习。

除此之外，微课中的微视频还有暂停功能、快进功能、快退功能、回放功能。这些功能的存在为学习者学习微视频带来了很大的方便。学习者可以利用微视频的这些功能，反复观看微视频，将一些重点、难点、疑问等记录下来，相互交流和讨论。同时，微课的载体类型众多，学习者可以根据自己的情况选择合适的移动载体。总而言之，学生可以随时随地观看微视频，微课的产生使学习者真正实现了"移动化""碎片化"学习。

综上所述，教育信息化是信息化时代的一种必然趋势，它有利于教育教学模式的改革，有利于教育教学理念的创新，从而使教育教学模式和教育教学理念紧跟教育信息化的步伐，适应信息化时代的发展。微课是网络信息技术发展的产物，需要先进的教育教学理念，只有这样，才能引领教育教学的发展。

### 3. 学生自学能力的增强

微课要想在大学英语教学中顺利实施，还需要学生具有较高的自学能力。我国绝大多数大学生都具有较高的自学能力，这为微课在大学英语教学中的顺利开展奠定了基础。微课应用于大学英语教学，是大学英语教学改革的必然结果。另外，学生可以根据自身的学习情况和学习需要，通过微课来自主学习，获取知识。可见，学生的自学能够在很大程度上促进微课教学的发展，而微课教学的发展与应用也能够在很大程度上提高学生的自学能力，两者之间是相互作用、相辅相成的。

## （三）英语微课教学模式的应用

### 1. 英语微课教学模式的应用原则

（1）微而全原则

在微课教学中，微视频无疑占据着核心地位，但这并不意味着学生通过观看微视频就能收获学习成果，其他微课教学素材也扮演着不可或缺的角色，如微教案、微练习、微反馈等。这种"微而全"的微课教学有利于学生掌握学科知识与技能。

所谓"课"，其本义就是一个教学过程的单位，"课"的开展表现出时间的限制性与组织性。一般而言，"课"所实现的教学目的仅是总体教学目标的一部分，但这个教学目的对其本身而言义是完整的。微课作为"课"的形式之一，首先要体现"课"的基本特征，而后再彰显自身"微"的特色，即言简意赅、重点突出。

需要注意的是，虽然微视频是微课教学最为重要的组成部分，但不能简单地将二者等同起来。纵观当前各种微课教学比赛，参赛作品直接被规定为教学微视频，那些在比赛中取得优异成绩的参赛者，大都因为教学微视频的质量较高。高质量的教学微视频是微课教学开展的基础，但由于教学的动态性特征，仅有高质量的教学微视频是不够的，其无法全面满足教学活动的要求。

微课模式之所以在英语专业实践课教学中推广开来，这主要是因为，与传统的教学模式相比，其不但将静态的课本教材以一种动态的形式呈现出来，而且从学生注意力集中的时间出发，将教学过程浓缩为简短的教学微视频。所以，微课教学能够提高教学效率，改善教学成果。在应用微课开展英语专业实践课教学时，应当注意教学微视频配套资源的全面性，通过微练习、微反馈等帮助学生在观看教学视频后自主检测学习效果，并及时将学习情况向教师反馈。所以，作为教师，必须把微课设计得"微而全"。从这个角度来看，微课设计与传统课程设计存在相似性，即都需要从撰写教案开始，然后确定教学的目标、计划、重难点，而后开展教学实践，最后进行教学反馈。二者都体现了教学系统的完整性，只不过微课模式将教学的重要内容以微视频的形式呈现出来。

（2）适用性原则

在开展微课教学时，教师首先要进行选题，针对恰当的内容设计微课，这样才能保证微课教学的效果。对英语专业实践课教学而言，并非所有的内容都适合用微课模式进行讲授，教师要根据具体的教学内容，在分析重难点的基础上，确定是否实施微课模式。

根据认知负荷理论，人脑有效的认知负荷仅能保持10分钟左右，而传统的课堂教学时间较长，学生并不能有效掌握全部的教学内容，因此，需要通过一定的方式把一堂课的总体学习目标具体化，从而增强学生的自信，提高他们对知识的掌握程度。所以，教师在设计教学微视频时，要把时间控制在10～15分钟，让学生在相对舒适的状态下学习知识。至于那些包含复杂概念的教学内容，显然无法通过10～15分钟的时间展现出来，因此，也就不适合以微课的模式进行授课。

语法知识是英语教学的一部分，浅层的语法知识可以开展微课教学，而那些深层的语法知识，学生在理解时需要调动以前掌握的知识，并在教师的详细讲解下借助立体化的思维方式才能掌握。如动词的各种用法，涉及动词变位、被动语态、形容词词尾等一系列的知识点，教师需要依据学生现有的学习水平、能力、接受程度等制订教学计划，并根据课堂教学的实际情况随时调整教学进度。

微课属于一种相对程式化的教学模式，如果将复杂的语法知识生硬地设计成微课视频，很有可能对教学效果产生负面影响。基于此，在将微课模式应用于英语专业实践课教学中时，应当选择适宜的教学内容，尤其是那些在传统教学模式下收效甚微的教学内容，可以尝试制作相应的教学微视频，以微课的模式将其攻克。微课是对传统教学模式的优化，在充分肯定传统教学模式优势的基础上，要积极应用微课弥补传统教学模式的不足，增强选题的适用性，选择恰当的教学内容，让微课成为传统教学模式的最好补充。

（3）趣味性原则

兴趣是最好的老师，学生在兴趣的指引下才能更高效地学习。在微课教学中，教师要想方设法地激发学生的学习兴趣，通过生动形象的教学微视频吸引学生的注意力，让学生在精力高度集中的状态下习得英语知识。

基于微课教学模式，学生学习知识的主要来源就是教学微视频，这就要求教师花费充足的时间与精力进行微视频的制作，尤其是视频画面，一定要做到品质精良、演示效果丰富，这样才能在短短 10 分钟左右的时间里激发出学生的学习兴趣，让学生保持充足的学习热情。为了达到这样的目的，教师必须从自身出发，提高信息素养，做到游刃有余地运用各种微课教学所必需的信息技术。

微课的应用为大学英语专业实践课教学注入了新的活力，教学内容以微视频的形成呈现在学生面前，学生在趣味性的环境中学习英语知识与实践技能，长此以往，英语专业素养也得到了提高。

（4）互补性原则

当前，我国英语教学的主要形式仍然是课堂教学，这是由我国的国情及学生的学习特点决定的。微课作为一种新的教学模式，其对英语教学起到了辅助作用，但是也存在某些不足。例如，学生在观看教学微视频时遇到不懂的问题，由于视频播放的程式化，无法随时向教师提问，而这在传统教学课堂中是可以实现的。等到观看完全部的教学微视频，学生当时想要问的问题可能已经记不清楚，这无疑影响了学习效果。这说明，微课教学模式与传统教学模式各有所长，二者不能孤立存在，而是要互相补充，从而促使学生的学习效果朝着积极的方向发展。

所以，教师可以把教学微视频当作学生课前自主学习的资源，让学生提前了解本堂课的教学内容，并整理出自己不理解的知识点。在课堂教学中，学生就自己存在的问题与教师交流，向教师请教，原本课堂教授知识的时间转化为教师为学生答疑解惑的时间。只有微课与传统教学模式互为补充，相互结合，英语专业实践课的教学才能令教师满意，更能让学生收获满满。

（5）操练性原则

对我国的英语学习者而言，大量的时间被应用在理论知识学习上，实践性的语言操练机会较少。学习英语的根本目的是应用，要想具备使用英语进行交际的能力，就必须开展大量的语言实践操练。尤其是在英语专业实践课教学中，教师更要注重为学生提供语言操练的机会，让学生在实践中提升语言能力。

（6）发展性原则

微课模式在大学英语专业实践课教学中的应用要想走向成熟，就必须不断发展，除了英语教师的精心设计以及学生的密切配合之外，学校作为英语教学的主要阵地，也要大力推行微课模式。为此，学校要加强对现代信息技术的引入，依托各种信息化设备为英语专业实践课教学创建多元化的多媒体教室，从而保证微课教学的顺利开展。同时，学校还要从根本上对微课模式予以肯定，由于这种新型教学组织形式与传统教学组织形式存在较大区别，所以更要鼓励英语教师勇敢尝试，鼓励学生积极参与。

综上所述，微课在英语专业实践课教学中的应用并不是一个简单的过程。微课设计要做到微而全，微课内容的选择要做到真正适合学生，微课教学环境要充满趣味性，微课模式要与传统教学模式互补，微课要具备实践操练性的内容，同时，还要时刻关注微课在英语专业实践课教学中的发展，让学生切实体会到这种模式创造的可观的学习成果。

**2. 英语微课教学模式的实现途径**

（1）学校方面

伴随着信息技术在教育领域的不断渗透，微课作为一种新兴的教学模式在各大高校推广开来，就当前取得的教学成果看，微课模式有着十分广阔的发展前景。过去，微课在高校教学中的应用表现出零散化的特点，即只有少数教师在开展某些课程时应用这一模式；如今，越来越多的教师开始将微课与自己的学科教学结合起来，微课教学模式也逐渐变得规模化、集成化与具体化。

为了进一步推动微课在英语专业实践课教学中的应用，院校要承担起相应的责任，首先，保证微课教学有施展的场所，也就是建设更为完善的多媒体教室，配备更为丰富的多媒体设备。其次，由于视频是微课教学的主要资源，教师需要将制作好的教学微视频上传至教学平台，学生登录账号在平台上观看，这个过程离不开网络的支持。因此，院校要着力建设校园网络，让学生不论身处图书馆还是自习室，都能随时观看教学微视频，学习其中的内容。最后，微课教学模式中，教学微视频的制作往往要耗费教师大量的时间与精力，如果教师将制作好的教学微视频上传至共享平台，此后其他教师讲授到相同内容时就可以借用这些视频资源，这不仅有利于减轻教师的教学压力，还能促进教师团体之间的沟通与交流。

（2）教师方面

微课应用于英语专业实践课教学，关键在于教学微视频，高质量的教学微视频才能促进学科教学的发展，因此，英语教师必须提高对自己的要求，从而制作出精良的教学微视频。

英语教师乐于在教学中应用微课，这是值得肯定的，与此同时也要意识到，长期以来，我国的大学英语教学都是在传统课堂中进行的，微课模式绝不可能取代传统的课堂教学，二者必须结合起来，各自发挥优势，共同致力于英语专业实践课教学的发展。

微课教学模式是在教育信息化的背景下产生的，教师能否熟练应用相关信息技术成为微课教学的重要影响因素，所以，英语教师必须不断学习，从而提高现代信息技术的应用水平。为了弥补传统教学模式趣味性的缺失，教师要制作出有趣的教学微视频，不仅画面要生动，而且配音字幕应使用得当，这就要求教师具备制作教学演示文稿（PPT）、使用录屏软件以及配备声音与字幕的能力。其中，声音的配备要求英语教师对教学内容一一朗读，因为在英语专业实践课教学中，英语发音格外重要。学生在观看教学微视频时，大脑能够接收到良好的语言刺激，并在此基础上进行跟读，才能形成正确的发音，养成良好的语言习惯。

（3）学生方面

不论传统教学模式还是微课教学模式，教学服务的对象都是学生，教学所要达成的目标也都是提高学生的学习成绩，所以，任何一种教学模式都要注重学生的作用，为学生创造良好的教学环境，调动学生的学习积极性，这也是微课教学的应有之义。在基于微课的英语专业实践课教学中，学生更乐于在课前和课后观看教学微视频，由于这两个阶段的学习都没有教师的参与，因此，需要学生发挥主观能动性，开展自主学习。

在课前预习环节中，面对未曾学过的知识点，学生要表现出精力高度集中的学习状态，有目的地观看教学微视频。视频观看完毕，回想自己学到了哪些知识，存在哪些不懂的问题，这些问题哪些需要与同学探讨，哪些需要向教师请教。另外，为了检测自主学习成果，学生需要完成教师设置的配套练习，这样才能检验自己的学习情况。

在课后复习环节中，学生借助教学微视频查缺补漏，针对自己的薄弱之处多次观看教师的讲解，从而全面掌握课堂教学内容。除此之外，微课也可以在课堂教学环节应用，不过很多学生认为，课堂要以聆听教师的讲授为主。其实，在课堂中播放教学微视频能够调动学生参与教学活动的积极性，有利于提高学习效率。

英语教学的实践性本身就很强，英语专业实践课教学更是如此。实践课开展的目的就是促使学生在扎实掌握语言知识理论的基础上，形成语言实际运用的能力。在微课教学视频的辅助下，学生可以跟读，并反复练习相关句型，正所谓熟能生巧，大量的练习必然能够帮助学生获得许多英语实践运用的技能。总而言之，学生必须成为一个自律的人，用良好的自主学习习惯收获更多的英语学习成果，也让微课教学体现出其存在的价值。

## 二、英语慕课教学模式

慕课是一种在线课程开放模式，是在传统发布资源、学习管理系统的基础上建立起来的课程模式。英语慕课教学模式有利于学生的英语学习，提高英语学习效率。

### （一）英语慕课教学模式的类型

#### 1. 基于内容的慕课教学模式

基于内容的英语慕课教学模式强调的是教学内容，更加关注学生对教学内容的掌握情况。因此，这种教学模式往往会与教学评价相结合参与到教学实践中。作为慕课教学模式的一种，它同样需要构建学习社区，号召更大范围的学生参与学习过程。从表现形式上看，这种慕课教学模式与网络化的课堂教学非常相似：各高校教师录制该专业的视频课程，并将视频课程和教学资料上传，同时设置相应的线上测试环节；学生可以自行注册免费账号，参与线上学习，在完成学习任务后，申请获得相应证书。这种英语慕课形式极大地促进了高校教学资源的有效共享，得到了诸多投资者的青睐。

## 2. 基于网络的慕课教学模式

基于网络的英语慕课教学模式强调的不仅是网络环境，而且是学生参与学习的自主性。基于网络的慕课教学资源，虽然对网络环境有所要求，但却并不是对学生学习渠道的限制，而是希望通过对网络传播方式的强调，号召学生有效利用网络技术，实现教学资源的进一步传播。学生在利用网络技术传播教学信息的同时，也能够加深自己对所学内容的认识，与更多志同道合的学习者建立联系。英语慕课教学模式相对基于内容的教学模式，要更加复杂，对网络技术的要求更高。其中最显著的差异就在于，基于网络的英语慕课教学模式需要交互性技术的支持，即在教学过程中，并不是先由教师录制好教学视频，再由学生进行学习，而是通过直播的方式，由教师与学生借助网络技术构建一堂线上课程。在这个过程中，不仅要保证网络的稳定性，能够支持图像、语音和文件呈现的实时同步，而且需要互动技术的支持，保证师生互动与即时交流的完成。慕课教学模式除了需要在网络上开展外，与线下课堂教学比较相似，一般也以周为学习单位。慕课教学模式并不会导向明确的学习结果，一般也不会安排相应的考核与评价。

## 3. 基于任务的慕课教学模式

基于任务的英语慕课教学模式强调的是学生对某项知识技能的掌握，它与单纯对内容的强调不同，更侧重于学生学习的阶段性与教学步骤的循序渐进，鼓励学生自主展示自己的学习成果。英语慕课教学模式对学习社区的依赖性相对较强，需要靠学习社区来吸引学生、展示学生作品、传递学习信息。

上述三种英语慕课教学模式的共同点包括：一是慕课视频的时长一般都在8～15分钟；二是学生参与慕课学习的自主性较大；三是慕课的传播、组织、评价、应用等一般都是在网络环境下进行；四是慕课的受众更加广泛，慕课课程的目标设计也更加多样；五是慕课课程一般包含视频、课程资源、学习评价、学习社区等组成部分；六是慕课课程具有开放性，且具备持续创新的特性。

### （二）英语慕课教学模式的特征

#### 1. 慕课的开放性

（1）英语慕课教学资源的共享性

学习者要想参与慕课学习，从免费注册账号、选择学习课程、进行学习讨论以及参加线上线下的教学活动等，都可以自主完成，也就是慕课学习的全过程都是面向所有人开放的。同时，随着参与慕课教学的高校逐渐增多，各高校间开始承认其他学校的学习成果，这为跨学校、跨学科学习以及学分互认提供了条件。

（2）英语慕课教学机会的共享性

英语慕课为不同文化背景、不同生活条件、不同肤色、不同地区的人提供了平等接受教育的机会，同时学习者在任何时间和地点都能够登陆课程进行学习，这种面对所有学习者无差别的开放，正体现着英语慕课的开放性。不同学习者在进行慕课学习时也表现出不同的动机和意愿，有的学习者主要是被兴趣吸引，或满足自己的好奇心，有的学习者更多是希望得到该专业的证书，也有的学习者是为了在自己专业获得更深层次的发展等。不同身份、背景、生活经历的学习者共同加入慕课学习中，这使很多慕课的学习讨论并不局限于课堂知识或课程本身，学习社区除了知识交流更担负起了文化融合的重任。

**2. 线上慕课的特点**

尽管英语慕课与传统的英语课堂教学存在巨大差异，但从英语课程本身而言，依旧未脱离教学活动的范畴，仍是跟随课程的发展进行线性展示的。因此，英语慕课与传统的课堂教学存在着天然联系，慕课的结构与传统课堂基本一致，同样重视教学内容、教学方法、教学环境等因素，也经常作为课堂教学的补充出现在教学活动之中。但两者也存在一些显而易见的差异，慕课与传统课堂教学相比，最大的不同在于，它的传播依托的是互联网，而非传统课堂的语言传播。这一特性决定了其受众规模会远超传统教学课堂，但同时也对其教学设计、教学内容、学习管理、评价方式等都提出了特殊要求。

慕课作为网络技术发展下教育领域最重要的成果之一，近年来，随着互联网技术与信息技术的发展逐渐受到更广泛地区和人群的欢迎。在新时代，英语慕课自身也发生了显著变化，更加重视课程的完整性与接受度，这不仅为学习者带来了更好的学习体验，而且提高了慕课在教育领域的认可度，学习者通过慕课得到的证书、学业评价等也能够得到更多高校、机构和组织的认可。慕课平台也从最初的线上教育信息交流平台、教学资料分享平台，转变为集资源共享、信息沟通、学术分享于一体的"线上课堂"。慕课作为"线上课堂"也表现出以下显著的特征：

(1) 以自我学习为主

课堂教学设计是对整个教学活动的系统规划，对整个课堂的走向和教学框架的科学布置。教学设计一般包括目标、内容、策略、评价四个基本要素。在传统教学模式下，教学设计指导着教学活动的展开，从时长范围、评价方式、作业情况等方面对课堂教学进行限制。尽管近年来在现代化技术、教育学理论和管理学思想的影响下，教育改革不断深化，但在教学设计与课堂组织、课堂教学的基本结构等方面改变仍不明显。基于传统教学模式的教学设计仍多以知识掌握为教学目标，教与学的过程仍是以"教师引导、学生学习"的顺序进行。

英语慕课的教学设计也包含以上四个基本要素，但在课程实施过程中，更加强调对学生自主学习能力的培养。英语慕课的教学设计同样会通过一定方法对课程活动进行限制：通过课程视频形式、课堂测试方法、论坛小组对课程活动进行规范。慕课面对的学习者规模巨大。在传统教学模式下，一个教师最多面对百十个学生，但仍难以完全照顾所有学生的学习进度，在慕课模式下，讲授者更无法做到"一对一"式的教学，当然慕课的目的也不在于此。慕课的出现是为了实现优质教学资源在更大范围内的传播，是为了搭建缺乏有效学习渠道的学习者与有志于推广优质教育资源的专家学者间的桥梁。因此，慕课课程在设计时更注重对学习过程的设计，注重对学习者的引导，而非单纯某个知识的传授。同时，与线下传统课堂教学不同的一点是，慕课课程设计时，还要考虑不同地区、不同文化背景下的学习者的需求和接受方式，通过避免使用可能引起争议的教学方法、强调学术性研究等方式，引导学习者根据自己的实际情况完成学习过程。在英语慕课教学的整个过程中，学习者的自主性是保证学习任务完成的关键。

另外一个体现学习者自主性的地方在于，对英语慕课课程选择的自主性。慕课面对大规模的学习者，学习者同样也面对海量的慕课资源，而且随着近年来全世界范围内高校和学术界对慕课的重视，慕课资源在不到十年的时间里飞速增加，很多同类、同质的慕课资源出现在各大平台上。学习者需要在这些慕课课程中挑选出自己更喜欢、接受度更高的那部分课程。这种情况是不会发生在线下传统教学课堂之中的。

(2) 短小精确的课程内容

传统课堂教学的内容安排是参照学科教材和大纲要求并辅助练习册、教辅书等进行设计的，与学科特点、课程类型直接相关。而高校教学课程一般是由国家教育部门统一编制的，相对固定。课堂教学无论在教学内容、课程目标，还是在教学时长、教学完整度等方面都会受到一定限制，教师的教学活动必须符合国家和学校的要求，完成固定的教学任务，实现一定的教学目标。

但英语慕课却并不受这方面限制，教学内容全凭课程制作者、讲授者做主，可以是讲授者自己的研究方向或是专业经验，也可以是学科基础知识或者某个易混淆知识点等，还可以是某些跨学科、跨领域的内容等。英语慕课课程可以是一节课，也可以是分成多节课的一门课程，或是数个学科的整合介绍，甚至可以是对之前各不相关领域的教学资源的重新整合和再次利用。慕课从创立之初就并没有刻意强调内容的系统性和全面性，慕课的课程视频中也不全是，甚至只有一少部分是对某一门课程的系统讲述。慕课课程视频的时长大部分都比线下课堂要短，一般只有10多分钟，一个视频可能只包含几个教学片段和部分学习资料，内容容量相较于40分钟以上的线下课堂要小。因此，英语慕课设计者在进行内容选择、课程设计时，需要认真筛选教学材料，选择更能吸引学习者、更具代表性的内容来制作课程视频。一门流传度高、学习者众多、质量过硬的慕课，一般需要很长的准备、设计和制作时间。

一般而言，慕课的制作需要经历的步骤包括：一是选定教学内容，编制教学材料，先将其分成每节2小时左右的几个部分（相当于一周的学习量），再将每一部分划分为数个10分钟左右的小节，之后以小节为单位进行课程视频的录制。二是录制课程视频，并对视频进行编辑。三是按照慕课平台要求，上传制作好的课程视频和教学材料、课件等相关教学资料。四是设置嵌入式测试，在课程视频的合适位置嵌入准备好的程序性问题，以发挥测试的作用。

在课程上传前一个月左右，课程的宣传视频就已经在慕课平台公布，学习者可根据公开的信息选择课程。课程开始后，学习社区也会随之开放，学习者和讲授者可以通过会话小组、论坛等进行沟通。同时，讲授者需要进入管理系统，对学习者的问题进行解答和回复。

（3）平等的师生互动

线下课堂教学模式，师生之间的联系与沟通主要发生在课堂。而课堂上的师生互动绝大多数是由教师主导，与教学设计直接相关。在传统教学模式下，课堂教学仍是以教师讲授、学生听讲的形式进行，在教学过程中插入问答、讨论等互动环节，能够有效拉近师生关系，提高学生的参与度，改善教学效果。从互动角度对教师在课堂上的行为进行分类，可分为以下几个方面：

第一，主教行为。英语教师作为教学互动的主要参与者，在传统教学模式下承担着知识传授与讲解的职责，需要完成语言介绍、文字与图像信息的呈现、肢体动作的配合，借助这些语言和非语言的表达完成知识传递过程。同时主教行为还包括由教师主导的学习活动、阅读过程、练习过程、师生讨论等行为。相对前面单纯的知识传递，后部分师生互动的环节能够更好地缓和课堂氛围，营建更加和谐的师生关系。

第二，助教行为。英语教师的助教行为主要包括在营造教学情境时的引导行为，以及课前导入环节和课后总结环节的行为。教师通过助教行为，激发学生的学习动机，引导学生的学习兴趣，并借助对各类现代教学工具的使用，丰富课堂教学呈现方式，增加学生的新鲜感。

第三，管理行为。英语教师的管理行为主要包括在规范课堂秩序时的管理活动，包括对课堂规则的制定、对课堂时间的控制、对学生行为的纠正等。教师不仅要通过对课堂秩序的管理，保证教学活动的顺利进行，而且要选择合适的管理行为，辅助教学氛围的构建。

英语慕课的时长较短，对英语教师的行为表现有所限制，但上述三种教师行为都在慕课中发挥着巨大作用。慕课与传统的线下课堂教学相比，还是存在诸多差异，首先是慕课的师生互动并不像线下课堂教学一样是实时的。慕课的课程视频一般是每周上传一次，教师在上传新的课程视频前会通过慕课平台将课程计划发送给加入课程的学习者。学习者自己把握学习时间，完成学习任务，并在规定时间内上传作业内容。在这个过程中，尽管学习者的自主性起着关键作用，无论是对学习时间的把握，还是学习任务的完成、作业的上传，学习者都需要足够的自我约束力和自我管理能力。但是与此同时，教师的行为作用也不容忽视，例如教师在上传新课程视频前的通知、提交作业的提醒、课程视频中嵌入的问答、课程讲解过程、课程内容中的思考问题的提出等。

另外，慕课还有一个传统课堂教学没有的重要组成部分，那就是学习社区。英语慕课的讲授者和学习者可以通过课程讨论区对课程内容、专业问题以及各类相关信息进行交流、沟通、讨论。学习者在完成课程视频学习后，随时可以就不理解或感兴趣的内容参与到讨论中来。英语慕课的讲授者也会定期浏览讨论区中的问题和观点，对其中的专业问题进行解答，对合理观点进行吸收。但由于慕课具有规模性较大的特性，社区内学习者的数量占据绝对优势，所以参与讨论区讨论的多为学习者。

英语慕课的制作是由整个制作团队的通力合作完成的，一般在慕课课程视频上传后，也是由整个制作团队共同进行维护的。英语慕课制作团队的教师一般都会实时关注学习社区内的信息，并根据最新课程的要点建立新的讨论组，通过发帖、建圈等方式将课程学习者纳入其中，引导大家讨论分析，发现新观点、巩固新知识。同时教师还会对讨论组中学习者的反馈情况进行总结，对其中的问题做出解答。相比传统教学课堂中的师生交流，慕课的讨论区更像是线上论坛，学习者能够自由发言，教师与学习者间能够更平等地交流，学习者与学习者间的讨论更加随意和丰富，不会受到课堂氛围的影响，也不会被某个话题所限制。正是这种自由性、开放性和包容性，让慕课在全世界范围内获得了巨大认可，也收获了更大规模的学习者。

但是大规模讨论也带来了大量的管理工作，一般英语慕课学习社区和讨论组的管理是由课程制作团队完成，但当学习者人数过多时，教师也会从活跃度较高的学习者中招募有余力、有意愿的人加入管理团队，参与社区管理工作。这些管理者需要对讨论组内的帖子进行分类和整理，维护讨论组的和谐环境，对其中的问题进行整理和分类等。除了对学习社区和讨论组的管理，还需要对学习者邮件进行处理。如何提高学习者对课程视频的黏性，培养学习者的学习意志和学习习惯等，已经成为英语慕课研究者重点关注的问题。英语慕课管理除了需要制作团队、志愿学习者外，还要依靠一定的平台服务工具。其中最主要的就是各个慕课平台的课程导航系统、展示区等，这些系统模块和管理工具为管理者进行课程服务提供了便利。除了平台自带的技术工具，还有很多专门为学习者开发的、用于课程评价与筛选的网站和小程序。例如，果壳网的MOOC学院，MOOC学院将线上的慕课资源进行搜集与整合，并通过开发筛选程序，帮助学习者快速查找和选择自己需要的课程。另外，MOOC学院还支持课程评价，学习者可以在MOOC学院论坛中对自己已学习的课程进行打分和评价，为之后的学习者提供参考，同时也拉近了学习者之间的关系，提高了学习社区内成员的活跃度，增进了有同样专业背景或同样兴趣的学习者的交流。

（4）同学互评的评价方式

学习评价作为教学活动重要的组成部分，不仅是教授者重要的教学手段，而且是学习者重要的自省工具。学习评价是在既定目标和标准下，通过一定的评价方式对学习过程、学习行为和学习结果进行评价的过程。学习评价有时候不仅包含对学习者专业知识、技术能力的评价，而且包括道德情感、综合能力的评价。在传统课堂教学模式下，学习评价一般可分为诊断性评价、终结性评价和形成性评价。

诊断性评价主要用于教师对学生学习基础的摸底了解。英语教师通过诊断性评价了解学生的大体情况，以便根据学生实际制订教学计划、完善教学设计。终结性评价主要是对学习者阶段性学习成果的评价，期末考试、期中考试等都属于终结性评价。终结性评价一般采用笔试的形式，准确度与公平性都相对较高，但也存在片面化的不足。目前很多高校仍采用终结性评价方式对学生的学习情况进行检测。形成性评价主要用于课堂教学的过程中，以随堂测验或课堂提问的形式出现。教师借助形成性评价可以实时掌握学生的课堂吸收情况，以便调整授课节奏。

英语慕课教学也有学习评价的环节，但评价方式、评价标准都不像传统课堂教学一样严格。首先，在评价的效力上，传统课堂教学的学习评价会与学生的学习成绩、学分绩点直接相关，但英语慕课教学只是为了让学生了解自己的学习效果，即便近年来英语慕课课程的跨校学分系统得到有效建设，但慕课教学的评价效力还是远低于课堂教学。其次，在评价的流程上，传统课堂教学的学习评价会遵从既定的流程，采用统一标准，要保证所有参与评价的学生的公平性。但慕课的学习评价很多都不会给出成绩，也没有比较标准，评价过程也不会受到教授者的监督。最后，在评价的标准上，传统线下课堂教学的学习评价一般都有既定标准，如60分及格。但慕课根据设计团队的不同，其评价标准也存在差异，同时也会受到管理团队和授课教师的影响。

另外，英语慕课与传统课堂教学在学习评价方面最大的不同在于，存在一种新的评价方式——同学互评，即由学习者对一起学习的同伴进行评价。这种评价方式主观性相对较大，也曾被很多人质疑，但这种评价方式在社会学研究中发挥了巨大作用，其科学性已经得到有效证实。另外需要说明的是，慕课的同学互评与课堂教学的同学互评并不相同，课堂教学中学生之间相互认识，在进行评价时可能会受到彼此情感的影响，但在慕课教学中，学习者之间除了学习过程和专业交流，并无过多联系，因此评价的真实性与客观性相较其他群体间的同学互评，更具真实性。

### （三）英语慕课教学模式的优势

第一，形成语言使用环境。慕课集结了全世界范围内的学习资源和学习者，其中就有很多来自英语国家的学习者，能够为学生提供英语交流的平台，让学生真实地感受英语氛围，从而深化对英语知识的理解。

第二，扩大学生知识储备。课堂教学是我国大学英语教学的主要形式，但在大学阶段英语教学的课时并不多，教师要保证教学任务的完成，因此英语课堂的知识点一般都较为密集，其他内容相对较少，同时一节课下来学生很难再有精力去吸收更多相关知识。慕课的课程视频时长一般较短，且教学资料丰富，学生通过慕课可以获取大量有意思的背景知识。慕课还能为学生提供在线讨论的空间，这对激发学生兴趣、丰富学生知识储备有非常大的帮助。

第三，提供能力培养平台。慕课教学，首先，能为学生提供真实的语言环境，让学生逐渐沉浸到英语学习中去；其次，能为学生提供有效的交流平台，让学生与外国学习者直接交流，体验英语交流环境；再次，慕课丰富的教学资源也能让学生寻找到最适合自己的语言学习方法，切实从能力培养的角度来提高英语能力。

第四，平衡不同学生的水平。在传统课堂教学模式下，学生学习全靠教师的引导，教师水平的高低直接决定了学生的学习效果。但在慕课模式下，学生可以通过网络获取全世界范围内优质的教学资源，地区环境的影响被降到最低，只要学生有学习的需求，他就能获得优质的教学资源。慕课的开放性为学生提供了学习的机会，为地区发展注入了新的力量，同时也照顾到了不同水平、不同阶段、不同基础的学生的个性化需求，这对英语教学具有深远的意义。

### （四）英语慕课教学模式的实现途径

#### 1. 教学资源共享

大学生需要庞大的教育资源来支持他们改变学习方式，只有合理搭建教育资源共享平台才能让大学生通过多种渠道和方式获得优质的教学资源，拥有更多的学习机会，才会更快更好地改变大学生的学习方式。

第一，全球共享教学资源。世界上有越来越多的著名大学都加入了慕课平台，并在慕课平台上分享他们最好的课程，并向学生提供不同文化和语言环境下的教学资源，教师和专家也在慕课平台上分享学习素材，并从不同的角度进行指导，让世界上任何人都能学到自己感兴趣的课程并确保优质的教育资源为全世界人所共有。

第二，学校间共享教育资源。在学校间共享教育资源时，必须发挥名校、名师、名课的作用，开放教育资源，让一所学校的教育资源变成多所学校的教育资源，让多所大学的学生受益。教师也应该在慕课平台上分享自己的教学设计，互相学习，共同进步发展。

第三，校内教育资源共享。高校应创造一切必要条件开放教育资源，更新完善教学设备，提供获得优质课程的机会和方式，让所有学生都能享受本校最好的教学资源。

### 2. 教学方式创新

要想达到良好的教学效果，帮助学生提高学习效率，教师对教学方式的改进与优化始终都是第一位的。

第一，英语教师要从思维方式入手，转变教学观念，真正将培养学生能力放到教学任务的首位，让学生感受到自己的转变，从而促使学生做出改变。

第二，英语教师应持续提升教学能力，尝试新的教学方法。教师必须保持一颗开放的心，始终保持对新技术、新思想的关注，并在教学过程中积极尝试新方法，不断总结教学经验，提升教学能力。时刻保持创造性的课堂也会给学生带来新鲜感，激发学生的学习热情和创新思维。另外，教师需要根据实际情况及时调整教学方法，合理利用教学资源，有意识地对不同教学方式的效果、作用和优劣进行分析，总结出符合所在学校、自身风格和所教学科的教学方法。例如，在大学英语教学中，教师就应多采取实践训练形式的教学方法，引导学生增加实践经验，通过亲口说、亲自参与交流过程来丰富对英语知识的认识。

第三，丰富教学手段。随着计算机技术与多媒体设备的发展，英语教学手段不再局限于教科书、黑板和粉笔，教师可以借助多媒体设备对网络上更加丰富的教学资源进行展现，但在这个过程中也有很多教师为图省事，完全用视频资源代替教学过程，或娱乐性的视频资料在教学过程中所占比例过大，严重影响了教学活动的正常展开。因此，教师需要正确认识不同教学手段的价值，合理配置、灵活运用不同教学手段，既要为教学活动提供更多亮点，也要重视教学任务的有效完成。

### 3. 师生关系重建

师生关系是影响学生学习方式的重要因素。传统英语教学模式下，英语教师与学生处于教导与被教导的位置，双方的平等性得不到有效尊重和体现，学生在学习过程中也很难获得自由发挥的机会，这无疑会使学生学习的主动性和积极性受到压抑。在慕课环境下，英语教学方式发生了巨大变化，要想最大程度发挥慕课的价值，必须提升学生的自主性和积极性，这就需要推进平等民主的新型师生关系建设。

第一，英语教师要转变自己的角色定位，在慕课教学中，教师扮演的是指导者角色，不能再停留在传统教学模式下的课堂管理者、知识传递者上，要将课堂主体地位还给学生，让学生在自由的氛围下感受知识本身的魅力。

第二，英语教师应积极转变教学过程中与学生的交往方式，以平等尊重的态度对待学生的意见，转变之前师生之间单项的教导式交往，鼓励学生发表个人看法，促进交互式交流的形成与发展。同时还要鼓励学生在课堂上发言，增加学生与学生、学生与教师之间的沟通机会。

第三，创设更加民主的课堂氛围。营造更加和谐、民主的英语课堂氛围，能够缓解课堂的严肃感，降低面对教师的紧张感，减少学生心中的"畏惧"心理，同时要注意的是，在进行师生交往的时候，教师必须是真诚的，必须真诚地关心、热爱和尊重学生，通过自己的教学过程让学生收获更多专业知识、人生经验、职业资讯等，学生只有感受到这份真诚之后才会发自内心地理解和尊重教师。

## 三、英语翻转课堂教学模式

大学英语教学改革要强化学生的英语素养，以实现人的全面发展，提倡学生进行自主学习，强调教学方式和方法的多样化，高校英语教师要大力发挥其主观能动性，先要转变教育观念和角色定位，改进教学方式和手段，将课堂还给学生，发挥他们的主体性。这同样也体现了高校英语教学改革对教师的要求。翻转课堂教学模式应用于大学英语教学，可以提高教学效率，有利于大学英语教学的更好发展。

### （一）翻转课堂的范式与教育理念

#### 1. 翻转课堂的主要范式

梳理当今世界上的英语翻转课堂模式，可以大致归纳出以下四种典型范式：

（1）可汗学院类型

可汗学院对翻转课堂的实体实践是通过和美国加州洛斯拉图斯学区进行

合作来完成的，并综合了很多受学生喜爱的教学视频以及课堂练习。在实践过程中最为突出的特色在于，由可汗学院所研发的课堂练习系统对学生的问题细节把握得非常快速和到位，从而可以帮助学生及时地获得教师的引导和指正，而且学习机制融入了一定的游戏化特征，将勋章奖励给学习较好的学生。

（2）河畔联合学区类型

翻转课堂在美国加州河畔联合学区的实践实现了数字化互动教材的高效利用，这一数字化互动教材系统里含括包罗万象的视频资料，如图片、视频、文本、声音等，而且还具备了交流功能、笔记功能和共享功能，这与需要教师自备视频和教学材料的翻转课堂比较起来还是具有非常大的优势的，主要体现在实现了教学材料的高效共享，并帮助教师节省了制作教学视频和材料的时间，而且对学生的吸引力也更大。

（3）哈佛学校类型

哈佛学校类型即将翻转学习方式和同伴教学方式进行结合，这一模式的突出特征在于，将听播客、看视频、阅读文章等步骤都放在课前进行，让学生可以积极地调动自己原有的知识体系进行新问题的思考，并做好充分的课前准备，之后将不明确、不清楚的问题进行归集和反映，然后学生可以通过社交网站来提出自己的疑问，教师在收到问题反馈后要及时地进行整理和归纳，并在此基础上进行课堂学习资料的选择和进行教学设计，对于学生已经掌握的知识点可以忽略。课堂中可以利用苏格拉底式的教学方法，让学生将自己所遇到的问题和疑难点提出来，通过小组协商合作来进行回答或者是对其他同学的疑问进行解答等，而在这个过程中，教师则需要针对小组协作无法解决的问题进行解惑作答。

（4）斯坦福学校类型

斯坦福学校中一些研究人员对翻转课堂进行了反复的实践和验证，若只是将讲座视频生硬地放到教学视频中，那么这跟传统的教学模式也并无两样。所以，他们在不断的尝试和探索中，研制出了一个新的功能即将小测验放置在教学视频中，教学视频播放15分钟左右，就需要学生进行一个小测试，这样就能有效地把握学生的学习情况了，同时还将社交媒体置于了实验中，以便学生相互之间的交流和提问。经过大量的实践发现，这个实验可以大大地提高学生的互相答题的速度。因此证明这一共同学习的模式是可以进行大量推广的一种模式。

## 2. 翻转课堂的教育理念

**（1）注重学生主体性的学生观**

自我教育也是教育真正的目的和本质。个体能够进行自我教育才是教育得以实现的唯一途径，而且学习者通过自我教育，才能够真正地实现自我的价值。

学生在学习过程中要充分发挥自己的主体作用，学会进行自我学习，这一态度尤其在英语翻转课堂中更加突出，只有学生具备一定的自主性，才能很好地把握英语的学习进度，保持一定的学习积极性和主动性。自主性不管是在个体学习中还是在小组合作学习中，都发挥了非常重要的作用。

**（2）学生自主学习、合作学习、探究学习的学习观**

学生的合作学习能力、自主学习能力和探究学习能力是现代英语学习观念的三项重要能力，该理念指出：可以和其他人进行合作、能独立自主地完成学习和可带着问题进行探究学习是现代学生所必须具备的能力。

学生的自主学习能力、合作学习能力和探究学习能力在英语翻转课堂教学模式下都得到了很好地提升，例如，英语翻转课堂的自学阶段时所采用的微课助学和教材自学等模式都有利于提高学生的自主学习能力，而在这个阶段所采用的合作互学以及训练展示阶段所采用的合作提升等都有利于提高学生的合作学习能力；而整个翻转课堂的教学过程中，都有利于学生进行探究学习能力的提升等。

**（3）新型因材施教、分层教学的教学观**

新型的因材施教理念是从最近的发展区为出发点，结合学生的实际情况和水平，对学生可能达到的最高水平和能力进行预计的一种理念，它的目的主要是为了引导学生向自己的最高水平发展，将学生的潜能进行最大化的发挥。每一个学生的个体差异都是存在的，他们的整体水平、认知风格和思维方式都各有不同。因此，因材施教的首要任务是对学生的个体差异进行把握和了解，其次再针对学生的不同情况开展分层教学。

而英语翻转课堂教学方式正好和新型因材施教和分层教学模式的理念相同。例如，翻转课堂中采用的不同学案和不同微课的设计，以及在教学中体现出来的合作提升和合作互学的要求，这对学生的个性化和差异化发展都是很有益处的。

（4）"独立性与依赖性相统一"的心理发展观

学生受其心理状态和生理状态的双重影响，在学习过程中不但表现出独立性的特征，而且也具有一定的依赖性特征。独立性特征需要在教学过程中充分发挥学生的主体性作用，而依赖性特征则需要教师发挥一定的主导作用。

英语翻转课堂教学模式充分尊重学生的独立性和依赖性这两个特征，并将之看成一个统一体。通过教师及时有效的指引，让学生更加自主地进行英语知识的学习。如此一来，将教师的主导作用和学生的主体作用都进行了有效地突显。

## （二）英语翻转课堂教学模式的特点

### 1. 实现个性化教学

传统英语教学注重的是群体教学，而在翻转课堂中，实现了个别教学与群体教学相结合。英语翻转课堂教学模式注重教学异步性的基础是认识到个体发展的速度不同，不同的学生各自的情况是不同的，他们具有不同的智力发展倾向和发展潜能。在传统教学模式下，教师传授给学生知识时，无法兼顾每一个学生的学习进度，因为每个人的学习能力与接受能力不同，学习能力强的人可以较快吸收内化知识，而有的学生需要更多的时间去理解知识。以往的教学要求学生在统一的安排下掌握教师所传授的知识，达到统一的要求，这是不符合人的发展规律和个人的学情的。

在翻转课堂的课外学习环节，学生对课前学习的进程进行自我把握，对英语学习内容的掌握情况进行调整，这体现了异步性的特点。另外值得一提的是，在课堂上采用更频繁的探究活动，教师也可以因材施教，促进学生个体化发展。翻转课堂的异步性对改革传统英语课堂教学模式有着重要的意义，有利于学生自发性的学习和全面发展。在异步性教学过程中，教师指导异步化、学生学习个体化、教学活动过程化和教学内容问题化在翻转课堂中体现得淋漓尽致。

### 2. 师生角色发生转变

（1）英语教师角色发生转变

第一，英语教师由学科知识的传授者转变为学生学习的指导者和促进者。在以往传统的课堂教学中，教师一般向学生直接进行知识灌输，而在翻转课堂中，学生的主体性被充分发挥，教师不再主宰课堂，将课堂还给学生，但是教师的主导作用在翻转课堂中被放大了,可以更好地对学生进行学习上的指导。在翻转课堂中,教师对一些学习活动的组织策略如小组学习、角色扮演、基于问题的学习、基于项目的学习等必须熟悉且熟练使用。

第二,英语教师由教学内容的机械传递者转变为学习资源的开发者和提供者。在翻转课堂教学模式中,教师在学生课外学习前向其提供课外学习的资源,这样可以使学生更好地进行课外学习。教师可以根据学生的现实情况开发教学资源,有利于翻转课堂更好地展开。学生遇到问题,教师应该及时处理。所以,教师要提供学生学习时的"脚手架",方便学生获取更好的学习资源,从而能更快地处理问题。

(2)学生角色发生转变

在翻转课堂教学模式中,学习的决定权由教师转向学生,学生由传统的接受知识的角色转变为自定步调的学习者。作为翻转课堂中的主角,学生不再被动地接受知识的灌输,而是根据需要对学习内容、学习方法、学习实践、学习地点进行控制。在翻转课堂中,知识的理解与内化需要通过小组协作的形式来完成。另外,一部分内化知识较快的学生可以将自己知识消费者的身份转变为知识的生产者,这部分学生可以担任"教师"的角色来对一些学习进程慢的同学进行指导。

(3)新型师生关系的建立

在英语翻转课堂教学模式中,一切要以学生为中心,学生在家观看视频学习和在课堂上与同学、教师交流,都体现了这一点。在翻转课堂教学模式中,和谐师生关系的重构表现为学生可以自己控制课外学习的进度,针对一些问题可以与同学、教师交流,具有学习的主体性和主动权。正是因为教师将课堂还给学生,让学生先自主学习,教师再对其进行指导、建立知识体系,真正地做到了以学生为中心,从而更好地构建了和谐的师生关系。值得一提的是,教师对不同层次的学生进行分组,有利于学生培养合作的能力,促进学生全面发展,建立新型师生、生生关系。

### 3. 教学环境进行"翻转"

科技发展使翻转课堂的普遍实现成为可能,传统课堂的教学工具一般只包括黑板、粉笔、教材、课件等内容,而翻转课堂不仅包含这些,更有线上教学资源和智能设备。在翻转课堂教学模式中,教师将课外学生要学习的资源展示给学生,学生在课外自主学习后,教师需要对学生课外学习的效果进行一定的评价，从而掌握学生的学习效果，以便更好地进行教学活动。学生也可以在线上进行交流，共同学习，共同进步。

#### 4. 学习时间自主安排

在翻转课堂中，学生的课外学习时间完全由自己支配，学生还可以利用碎片化的时间进行教学视频的观看，这都得益于现代科技的发展。在这样的条件下，学生可以自主地控制学习进程：对于难度较大、较难理解的部分可以暂停思考或者重复观看，对于一些简单的可以加快观看速度，对于无关紧要的可以跳过观看。另外，学生还可以在网络上就一些学习上的问题与教师和同学进行交流。学生的时间可以自主安排，这在传统教学中是难以想象的，有助于学生成为知识的主动建构者。

### （三）英语翻转课堂教学模式的优势

翻转课堂是基于学生自主学习、师生频繁互动建构的一种新的混合学习方式。作为一种混合学习方式，翻转课堂教学模式是学校和家庭在学生学习过程中所扮演角色的调整。翻转课堂诞生时，就是课外学生自主学习、教师网络授课和课上教师解决问题的结合产物，发展到现在，成为现代教学模式的一项重大变革成果。在当今教育改革的背景下，急需创新的英语教学方式来代替传统教学方式。新的教学方式要求学生有良好的学习习惯和思维方法，能够独立完成课外学习和总结，能够在教师的指导下进行自主探究，养成实事求是的态度，保持一颗求知的心。

相较于传统课堂教学模式，翻转课堂教学模式具有创新性优势，首先是提升学生的学习兴趣，兴趣可以帮助学生更好地进行学习，其次是学生的创造力可以在翻转课堂中充分发掘。作为一种轻松愉快的教学模式，翻转课堂可以使学生放松身心、主动投入到学习中去，在这种环境下，创造力可以得到提升。另外，在翻转课堂教学模式下，教师可以搜集丰富的教学资源，将其展示给学生，这样不仅有利于学生的发展，也有利于高等教育公平性的实现。

### （四）英语翻转课堂教学模式的价值

#### 1. 学生学习动机增强

翻转课堂教学模式有利于增强学生的学习动机。通过翻转课堂教学模式的落实，学生可以进行课外学习，而且能够根据自身的进度把握学习节奏。

在课上，学生自主探究和合作交流的比例较传统课堂增加，学生的主体性得到了发挥，这些都有利于学生学习动机的增强。通过翻转课堂教学模式的实施，学生的学习态度会变得更加积极。翻转课堂采用了课外学习，在课上探究、讨论的方式，大部分学生对于课外观看视频都十分感兴趣，这不同于学生在传统教学课上被动学习。在翻转课堂教学模式中，在课前学习知识和在课上解决问题都是学生主动学习的表现。

采用翻转课堂教学模式后，学生的学习将变得更加自主。作为翻转课堂教学的最重要目标，学生的自主学习也是翻转课堂教学的核心要素，要求学生为自己的学习负责。学生学习更加自主的表现为：首先是学生自主确定学习目标，自定学习目标充分考虑了自身的情况，符合实际；其次是学生为了达到自定的学习目标而努力，学生通过课前自主学习和课上探究、解决问题都是为了目标而努力；最后使用合适的手段来证实自身学习目标的实现。实施翻转课堂有利于学生按照自身的进度进行学习，有利于学生对所学知识进行灵活运用。

在高校教学中，将传统课堂转变为翻转课堂后，一定会有阵痛期。一部分学生会陷在以往传统的教学观念和教学模式中，不能很好地适应，对教师控制其学习进度的依赖比较明显，难以进行课外自主学习和独立思考。他们需要一定的时间来适应翻转课堂教学模式，根据情况的不同，每个学生适应所需要的时间长短也就不同。

## 2. 师生关系更加密切

采用翻转课堂教学模式，教师与很多学生可以更加频繁地交流，课堂上的学习氛围也更加积极，师生之间的关系变得融洽和谐。翻转课堂教学模式可以保持教师与学生之间友好密切的关系，翻转课堂教学模式提升了师生交流的频率与质量。翻转课堂教学模式中，教师仍然是主导，学生课前的自主学习不能代替教师的作用，视频只是起到了辅助的作用。翻转课堂充分利用了学生的课前学习时间和课堂上的时间，将二者有机结合。在翻转课堂教学模式中，教师在课上拥有更多的时间来指导学生，通过一对一的交流，教师可以实施针对性的教学策略，这是传统课堂所不能做到的。师生之间交流的频繁有利于师生良好关系的建立。所以，翻转课堂对高校教学中的和谐师生关系的建立有着很大的助力。

### 3. 学生行为表现好转

在施行翻转课堂教学模式后，学生的学习行为和日常行为表现会变得更好。在翻转课堂教学模式的课外，学生将付出时间和精力投入课外自主学习中；在翻转课堂教学模式的课内，学生在上课时主体性得到发挥，课上的时间都被运用于小组探究、讨论和解决问题等方面，他们可以更加集中精力，课堂的秩序和管理也得到了改善。

## （五）英语翻转课堂学生端的实施过程

### 1. 课前教学的内容选择制作

学生自主学习的视频资源需要教师根据教学目的、教学内容、教学方法等来决定是从网络上寻找资源还是自己制作教学视频。从网络上寻找教学资源可以通过两方面来进行：一是一些可以从网络上寻找到的理科公共课程资源；二是中国国家精品课程、一些名校的公开课等也可以从网络上找到资源。网络上的资源在节省教师制作视频课程的时间的同时，也可以将教师要上镜的压力消去，同样可以保证教育资源得到有效利用。教师自己制作教学视频虽然更耗费精力和时间，但是教师可以因材施教，例如，教师可以引入一些有趣的例子来引发学生的兴趣。在英语翻转课堂教学中，可以适当地加入一些较难的词汇和注释来促进学生加深英语的学习和英语相关知识的拓展；在制作视频时可以运用多种方式来提升视频的质量，如增强声音的感染力、运用修辞手法、控制视频的长度等。相较于在网络上寻找资源，一些信息技术素养较高的教师自己制作视频虽然耗时耗力，但是效果可能更好。

### 2. 课中教学的智慧导引

学生在课外自主学习视频的阶段非常重要，这一阶段能彰显出自主学习是否有效。前一天的课外学习将为课堂教学奠定坚实的基础。在课堂教学中，教师需要根据不同的情况对学生进行针对性的教育，因材施教才能使翻转课堂教学模式发挥出真正的作用。在翻转课堂教学开始之前，教师在制作教学资源前就应假设学生在学习中可能遇到的问题。在课堂教学中，教师对学生提出的问题或直接给出解答，或让学生自主探究。在这个过程中，教师需要密切关注各个学生的学习情况，因材施教，教师的教育智慧也会在其中得到锻炼和加强。这样进行的课堂才是学生和教师所向往的课堂，才是能真正发挥教师主导性和学生主体性的课堂。

### 3. 课后知识的总结升华

学生在经历了课外自主学习和课堂教师主导的知识吸收后，对教学的内容和知识点有了必要的把握，但是这些知识并没有系统地串联起来，只是孤立地存在于学生的脑海中，不能应用到生活中去。知识仅停留在认识的层面上是不会发挥作用的，进行学习时，应基于对知识的认识，对新的思想和内容进行批判性的学习，在原有知识的基础上广纳新知，建立完善的知识体系。学生只有在获取知识的基础上，辅以相应的技能，独立思考、解决问题，才能够真正地将知识化为己用。学生需要在了解知识的基础上懂得如何使用，而且要用得更加艺术、更加有效。在翻转课堂教学实践中，教师在设计课程时可以针对"知识点组"向学生布置课外拓展的任务，让学生可以在实践中体会知识的应用。通过对知识的反思和应用实践，学生在课后才能使知识真正地、系统地成为自身知识体系的一部分。

### （五）英语翻转课堂教师端的实施过程

#### 1. 教学过程的设计

（1）确定学生课外学习的目标

在大学英语教学中，采用翻转课堂的教学模式进行教学设计时，应该先确定课外学习目标。在大学英语翻转课堂教学模式中，课外教学与课内教学的位置发生了互换，大学生一共需要将知识的内化过程完成两次，在课外自主学习知识是大学生第一次内化知识的过程，在课内是第二次内化知识的过程。要先确定大学生的课外学习目标才能进行下一步的设计。

（2）选择翻转内容

由于课外和课内的教学要求不同，大学生在课外和课内的学习目标也就不同。作为低阶思维的目标，课外学习目标在确立后，要根据大学生的发展状况、特点和规律去选择合适的课外学习内容。

（3）选择内容传递方式

在确立并选择好学生课外学习目标和翻转内容后，下一步进行内容传递方式的选择。内容传递的方式就是将学生在课外自主学习的内容表达出来的工具。选择内容传递方式时，需要遵循传递内容形式丰富、获取方便、传递速度快、有利于学生个性化发展的原则。内容传递方式的选择受到多方面因素的影响，如学习内容的形式、学习者的地理位置、资源大小和接收设备情况等。

（4）准备教学资源

在完成以上三个步骤的前提下，教师应该自己制作学习资源或寻找适合学生的学习资源。在这一步骤中，准备的教学资源应该与教学内容相匹配，并且要符合选择内容传递方式的原则。

（5）确定学生课内学习目标

接下来要进行的是确定学生课内的学习目标，在前面的步骤中，我们将课外学习目标称为低阶思维的学习目标，相对应的，我们将课内学习目标称为高阶思维目标。课内学习目标主要针对的是分析、评估和创造等内容，不同于课外学习目标，原因是课内学习目标要求学生通过与教师和同学的交流和合作来开展教学活动，课外学习目标要求学生更多地识记、理解学习内容等。

（6）选择评价方式

无论是学生还是教师，在进行翻转课堂模式的教学活动前都要做好充足的准备，而选择合适的评价方式是非常重要的。对于教师而言，低风险的评价方式不仅可以对学生进行传统方式的评价，还可以及时发现学生在学习中遇到的问题，是翻转课堂教学模式中的理想评价方式。教师可以通过发现学生在学习上遇到的困难来调整教学计划。在低风险评价方式中，课前小测验是最常见的。一般而言，可以通过3～4个问题的课前小测验对学生课外学习的成果进行评价。

翻转课堂教学活动中的课前小测验可以使学生运用到自己在课外学习的知识。课前小测验对学生和教师都有一定的反馈作用，学生可以就遇到的困难向教师询问，教师可以就学生在测验中的问题给出建议，教师和学生通过交流来完成这一环节。

（7）设计教学活动

在选择了翻转课堂教学模式的教学评价方式后，教师需要根据学生在学习上遇到的困难进行有针对性的教学活动的设计，通过指引性的翻转课堂教学模式来对学生进行培养，以便学生分析、评估和创造等高阶目标技能的养成。设计教学活动时，可以根据基于问题的学习、协作探究学习形式。

（8）辅导学生

在翻转课堂教学模式的教学过程的设计中，辅导学生是最后一个步骤。在新时代，教师是学生学习的引导者，只有发挥好教师的主导作用，才能使教学活动的效果最大化。在翻转课堂教学模式的教学活动中，教师需要为学生的学习活动进行引导，并提供相应的支持。除此之外，教师还需要针对不同的学生因材施教，针对学生学习薄弱的地方进行专门指导。教师在学生的学习中扮演着重要的角色。在翻转课堂教学模式中，教师和学生要进行及时的交流，教师要对学生提出的问题进行总结和反馈，这样才能促进学生对知识的吸收和巩固。

### 2. 教学资源的开发

（1）支持翻转课堂的信息化教学资源

教学资源是指在教学过程中涉及的设备、材料、人员、设施和预算等。科技的进步带动社会的发展，在当前的信息社会中，信息化的教学资源包括教学人力资源、教学环境资源和教学信息资源，是在网络环境下为实现教学目标而服务的资源。

翻转课堂教学模式是在信息化教学资源的出现后才被提出和应用的。根据上述大学英语翻转课堂教学过程的设计可以得出，在翻转课堂教学模式中，学习任务单、教学视频、进阶练习、知识地图和学习管理系统等信息化教学资源是在翻转课堂上常用的类型。

除上述教学资源外，教学辅助工具软件是翻转课堂的一项重要资源。在翻转课堂中，信息化教学资源被大量应用，根据教师教学方式的不同和课程内容的不同，教师需要运用教学辅助工具来实现教学资源的制作和学生学习成果的展示等。可以将教学辅助工具进行分类，分别为视频制作工具、交流讨论工具、成果展示工具和协作探究工具四类。

（2）遵循资源选择原则

翻转课堂教学模式所需要的教学资源多种多样，每一类都有各自不同的特点，而且每类资源能够实际应用到翻转课堂教学模式中的也有很多。面对这么多的教学资源，教师要对教学内容、教学方法、学生情况等进行分析，从而甄选出大学生英语翻转课堂适用的资源。在选择教学资源时，需要遵循以下原则：

第一，最优选择原则。最优选择原则是从可以选择的多个方案中选择一个最适合的方案。在大学英语翻转课堂教学模式中，教师要根据教学目标、学生发展情况和教学内容等选择合适的教学资源。

第二，具有较强兼容性原则。具有较强兼容性原则是所选择教学资源要兼容学生所持有的设备。科技的发展使人们进入了信息时代，人们在学习生活中，智能设备的大量使用使得翻转课堂教学模式的实现成为可能。手机等智能设备的出现使大学英语教学发生了变革，变得合理和高效。在大学英语翻转课堂中，学生的课外学习需要运用手机等智能设备；在课内学习中，教师要运用智能设备讲授课业。这就需要大学英语翻转课堂教学模式采用的教学资源要能够在多数智能设备上完美呈现。

第三，多种媒体组合原则。大学英语翻转课堂的教学资源包括文字之外的图片、视频、声音等形式，综合利用教学资源形式就是多种媒体组合原则。多种媒体组合原则体现了教学活动中以学生为本的原则。

### 3. 教学活动的安排

大学英语翻转课堂教学活动设计有两方面的内容，分别是课外活动设计和课内活动设计。

（1）课外活动设计

第一，在线学习。在在线学习的过程中，学生要先进行自主学习，了解课程内容，掌握主要信息。自主学习的主要方式是观看教师准备的教学视频、电子教材和资料等。教师在教学视频中还可以添加一些激发学生兴趣的材料、问题和例题等来增强学生在线自主学习的效果。

第二，交流讨论。教师和学生在课外学习活动中的交流讨论是通过在线交流工具和讨论区来实现的。教师和学生通过在线交流形成独特的在线辅导和自组织学习的模式。交流的主体可以是教师指定的，也可以是学生通过讨论指定的。经过交流和讨论，有利于学生对课外自主学习知识的掌握。

第三，在线测评。课外活动设计的最后一步是在线测评。课外自主在线学习后，教师需要对学生的知识掌握情况进行一定的了解，这就需要在线测评发挥作用了。在线测评在检验学生在线学习效果的基础上，提供了教师解决学生问题的机会，也为之后的课内教学活动奠定了基础。

（2）课内活动设计

课内学习活动可以分为两种：一是个体学习活动，二是小组学习活动。根据翻转课堂的特点可知，影响大学英语翻转课堂教学的最重要的一点是课内教学活动中学生知识内化的情况。在进行大学英语翻转课堂的课内活动时，需要留意翻转课堂教学要素是否有利于学生发挥其主体性来达到课内教学活动的目标。

总而言之，混合式教学在教学主体、教学内容和教学形式等方面有诸多革新，是信息化背景下教学改革的必然趋势，而大学英语混合式教学则是外语教学与现代信息技术有机结合的必然产物。大学英语是一门公共基础课，混合式教学有利于教师开展丰富多彩、形式多样的教育教学活动，有利于大学英语课程的教学改革，在培养学生英语学习的积极主动性、自主学习能力和语言应用能力上有着巨大的优势。大学英语教师应迅速转变思想，适应信息化大背景的要求，充分尊重学生的教学主体地位，根据学生的学习需求因材施教，合理利用互联网的优势，翻转传统单一的课堂教学模式，努力培养出适应时代发展的、英语综合应用能力强的国际化人才。

# 第四章　商务英语专业人才培养

随着国际化发展进程的不断推进，我国与国外的经济交流也变得更加密切，同时社会对语言服务人才的需求也不断提高，这就要求我国高校商务英语专业的人才培养体系进行灵活调整与优化。本章重点探讨英语专业人才的核心素养培养、商务英语人才培养的目标定位、商务英语人才培养的模式构建、商务英语人才培养的实现途径。

## 第一节　商务英语人才培养的目标定位

### 一、商务英语人才培养目标定位的意义

我国高等教育现已进入大众化阶段，我国也成为全世界大学生在校人数最多的高等教育大国。高等教育市场化的概念正在深入人心，大学必须在竞争中把握生存和发展的主动权，并在发展中形成自身的特色和优势，这是高等院校的生存之本。尽管目前就业市场对商务英语专业人才呈现出旺盛的需求，但是对任何一个特定的办学主体而言，如果人才培养目标定位不够恰当、缺乏特色，不仅影响人才培养效果和毕业生就业，还会影响专业的长远发展。对商务英语专业的人才培养而言，明确人才培养目标定位是保证毕业生在就业市场拥有竞争力的基本要求，也是学科建设的必要条件。其积极意义体现在以下方面：

#### （一）为增强专业竞争力奠定基础

高等教育市场化的进程使人才培养必须与市场需求紧密结合。如果地方

院校与重点院校在人才培养目标上没有差异，各个院校都追求同一个标准，那么实力偏弱的院校必然会受到影响。在高等教育市场中，通过不断地细分市场，每个高校都会找到自己区别于其他院校的定位，同时也会找到自己的特色。只有凭借特色优势，才能在激烈的市场竞争中获得较好的发展。

当前，消费者型的学习者需要高质量的教育、便捷及时的反馈、个性化的产品和服务，这些营造了高等学校的新环境。而用人单位对人才的需求构成了另一种消费者群体。面对双重的需求、双重的竞争环境，商务英语专业办学主体必须防止模仿跟风的办学方法，要积极发掘自己的优势，也就是自己院校所拥有的各种特色元素，努力培养，倾力打造，最终形成人才在市场中的竞争优势，在市场中找到自己的份额。

有的大学所在城市是沿海发达经济区，拥有众多的涉外企业，本身与涉外企业有着一定的合作关系。学校可以利用这些资源打造自己人才突出的实践能力。实践能力就成了该校的特色优势。有的大学在管理类学科上有着突出的教学和科研成就，完全可以凭借自己的专业优势打造国际商务管理能力突出的商务人才。在自己突出优势的基础上，办学主体可以在人才培养、科学研究、社会服务、专业设置、服务面向、生源、师资要求、校园文化建设等方面做出相应的规划设计和各种制度要求，从而强化自身的整体竞争力。

## （二）为学科建设找到价值参照

商务英语学科的发展实践是其主体获得学科身份的重要基础，但是其中日益显现出来的诸多问题和矛盾也是商务英语学科主体陷入身份困境的主要原因。例如，学科定位一直存在问题：学科交叉发展的内在要求和以英语学科为导向的资源分配制度、以英语能力为核心的评价与交流机制以及以语言文学为中心的项目评审机制均存在矛盾；与商务英语跨学科发展相关的学术团体和学术交流稀少；本学科对复合型人才的培养以及对交叉领域问题的研究深度与社会需求存在差距。这些客观现实使学科主体——商务英语专业的教学人员与学生，对其学科身份感到困惑，在自我认知与社会认知两个方面都存在问题，这既不利于主体在正常的学术生活中获得必要资源，也不利于其从学科身份中获得应有的情感激励和行为支持。因此，学科建设必须找到自身的价值参照点。很显然，人才培养的恰当定位能够为本学科的建设找到价值参考点。

1. 学科的交叉性优势

学科的核心优势是指学科主体在动态发展中培养起来的一种用以实现目标的根本能力。学科的核心优势具有一种杠杆效应，能将当前与未来发展统一起来，能将各种优势整合起来，而且是主体多样化发展的基石。商务英语专业的目标是培养同时具有跨文化能力和商务能力、具有国际视野的复合型人才，研究跨文化商务领域中的现象、问题和规律。

交叉性就是商务英语学科的核心优势，这种交叉并非英语和某种商务知识的静态交叉，而是处于不断发展的动态之中。只有在动态发展中将商科和英语学科进行深度交叉和融合，该学科才能在动态交叉中不断吸收新的学科营养，它不但可以将当前和未来的发展统一起来，而且可以充实商务英语学科内容，为今后实现多样化发展创造条件。对于学科建设而言，人才的核心优势就是该学科的核心优势。学科建设要集中力量，以教学研究和科学研究为主要手段实现人才培养和学科建设的双重目标。

2. 学科的特色优势

人才的特色优势就代表了学科优势所在。特色优势是主体在与竞争对手的对比中，既区别于又优于对手的能力，它既是可持续的，又不易被模仿。商务英语人才的特色主要在于其突出人文素质教育的英语语言教育与商务学科教育相结合。商务英语学科可以把自己学科的跨文化特色、语言特色、人文特色与商务特色结合，作为自己的优势继续发挥作用。各高校可以结合自身优势，在学科交叉的基础上找准一个具体领域作为核心优势来进行长期培育。例如，对英语语言理论具有高深研究理论水平和理论能力的院校，学科建设可以集中于商务语言的研究，打造自己在商务语言理论研究方面的权威地位以及培养高端商务翻译人才的优势。具有跨文化研究基础和能力的院校可以以跨文化领域为突破口，在该领域进行较深入的研究。具有商务学科理论优势的院校可以以商务能力为突破口，进行跨学科研究，使自己的院校在培养优秀国际商务管理人才和业务人员方面呈现独有的特点。

3. 学科的竞争优势

竞争优势是商业竞争领域用得最为普遍的概念，但是人们常常将其与特色优势混淆。竞争优势可以是一种能力，也可以是一种资源，它不易被模仿或复制，其主体因此在总体表现上比竞争对手更优秀、更出色。对于商务英语学科而言，竞争优势主要来自本学科培养出来的人才在就业市场的竞争力。

人才的竞争优势保证学科在教育领域拥有一席之地。为了保证人才的竞争优势，学科会基于人才培养目标在教学工作和科研工作上加大力度，促进有关学科建设的各项工作的进程，例如，加强学术和教学梯队的建设，深化学科理论的研究，营造浓厚的学术氛围，使商务英语学科具有更强的生命力。

### （三）为改革办学模式确定方向

我国高校传统的人才培养模式，学科专业设置强调专而精，培养规格整齐划一，但随着社会的发展，如今要求高等教育培养出个性鲜明、知识基础扎实、视野开阔、具有自主学习能力和社会适应能力的多样化、复合型人才。尤其是在我国提出了建设创新型国家的目标，要求高校更加重视学生创新精神和实践能力培养的背景下，人才培养工作面临巨大的压力。

在这样的时代背景下，只有厘清培养类型，确定人才培养目标，才能使全体教育工作者更新理念，重视学生的个性化发展。通过个性化人才培养模式的构建，优化人才成长的制度机制和文化环境，通过在培养理念、专业设置、课程体系、教学制度、教学管理以及隐性课程等方面积极探索，促进学生全面、协调和可持续发展，展现本专业的人才培养优势。

就目前我国高校办学状况而言，与人才培养目标种类划分相适应的本科教育模式可以形成至少三种设计思路：一是以提高综合素质为目标的通识教育模式，重视学生的心智训练和综合能力，强调培养各行业的领军人才；二是以形成专业素养为目标的专业教育模式；三是以适应就业为目标的应用本科教育模式。随着时代的发展和社会的进步，各行业对人才的需求标准越来越高，许多行业都提出需要既具备较高专业素养又要有深厚人文素养和应用能力的人才标准。目前，国际商务相关行业对商务英语人才的需求就呈现出高度综合性的特征。因此，商务英语专业在建构人才培养模式时，应该考虑这种高度综合性的人才目标需求，把上述三种人才培养模式加以融合，建构独具特色的人才培养模式，也就是要综合通识教育、专业教育和应用型教育各模式的特点进行设计。

总而言之，人才培养目标决定培养模式。确定人才培养目标定位有利于高校处理好人才培养模式制定中的九对关系，有利于设计出科学合理的人才培养模式。这九对关系具体如下：

第一，人才培养与市场需求的关系。商务英语应用型教育的着眼点是开放的区域经济与社会发展的需要。国际化是区域经济发展的一个重要内容。

所以，国际商务人才要做到立足地市、以为地方服务为主。专业设置和培养目标的制定要依据详细的市场调查和论证，既要有针对性，使培养的人才符合需要，也要具有一定的前瞻性和持续性，避免随着市场变化频繁调整培养计划。

第二，学科与应用的关系。"学科"与"应用"是本科教育专业和课程体系建设的两个要素。在以应用型教育为主的专业建设中，要以应用为导向。以应用为导向就是以社会经济发展为导向，以市场需求为导向，以就业需要为导向。学科建设以科学研究为主要内容，是专业建设的重要基础，起支撑作用，专业要依托学科进行建设。商务英语是新兴的交叉学科，它的人才培养更需要学科建设为其提供理论支撑。这种现实决定了商务英语的学科建设应该以应用研究为基础，从而为商务英语专业型人才培养探索适合的教学模式。

第三，分析与综合的关系。学术性教育强调学科教育，学科教育的特点是重视分析。学科作为科学的分类可以不断细分，形成不同等级的学科。分析性课程和教学是学术性教育的重要内容，也是科学研究和工程设计所需要的基本能力。但完成一项实际工作任务不仅需要一定的分析能力，可能更需要相应的知识、技能、组织、协调等综合性应用能力，因此，应用型教育在强调分析性教学的同时，往往更强调综合性教学。确定商务英语人才培养的目标有利于商务英语综合性课程的设置和教学体系的设置。

第四，传授与学习的关系。本科教学的重要内容是知识传授，传统的讲授法是最便捷的知识传授方式，目前依然占据重要地位，但是在商务英语人才培养过程中，知识与实践的统一才算是完整的知识。在知识的传授中，要强调采用"启发式"的教学法，引导学生思考问题、主动学习。同时，商务英语本科教育主要强调对实际工作的适应性和创造性，强调在实际工作中的经验、技能、技术和知识的协调统一性，培养重点在于应用能力和建构能力的提升。能力的培养在于学生主动学习，不能被动地接受。因此，构建商务英语人才培养模式时要考虑制订有利于培养学生主动学习精神的方案。

第五，基础课程与专业课程的关系。商务英语专业与传统的英语语言文学专业课程的内部逻辑结构有较大差别，所以它们的学科基础有所差别。许多院校在商务英语专业基础课的设置上仍然采用英语语言文学类的基础课，旨在奠定学生坚实的语言基础。但是，复合型人才培养的目标使商务英语本科教育必须建构一组新的公共基础课程。在这组公共基础课程中，有些课程应与专业课程相衔接，表现出明显的为专业课程服务的性质。而专业课程与基础课程的比例也应有所调整，专业课程应占有更大的比例。

第六，理论教学与实践教学的关系。理论来自实践，又为实践服务。商务活动的实践性决定了教学应着眼于培养学生的实践能力。商务英语本科教育应把实践教学课程列入专业核心课程，在实践教学中促进学生应用能力的提高和理论学习的深化。一般而言，在应用型教育的教学进程中，应安排比较集中的实践教学课时和综合性的实践教学课程。理论教学应与实践教学相衔接，其内容的更新一定要与行业实践的更新、方法的改进同步进行。

第七，实验与训练的关系。实践教学是一个上位概念，包括实验、试验、实习、训练、课程设计、毕业设计等多个具体的教学环节，每个环节培养的目的不同，如实验目的侧重于验证、加强理论知识的掌握和培养学生的研究能力、设计能力。训练则是一种规范掌握技术的实践教学环节。实验能够强化学生对知识的掌握、对问题的分析能力，训练能够增强商务实务操作能力。商务英语本科教育的实践教学应该既重视实验又重视训练，综合提高学生的实践能力。

第八，专业教育与通识教育的关系。专业教育更多地考虑生产服务一线的实际要求，突出应用能力的培养。但随着国际商务环境的复杂化和全球整体从业人员的素质提高，我们更需要具有深厚人文基础的人才以应对日益复杂的商务环境。我们需要对传统的专业教育进行改革。在教育教学过程中，不仅要注重培养学生的专业能力，更要注重培养学生的职业道德、综合素质和人格品质，使学生成为高素质人才。

第九，学校与企业的关系。应用型人才的培养给学校增加了一项重要的任务，那就是为实践教学提供平台。商务英语本科院校要紧密依托涉外商务企业，取得当地政府支持，建立高校和产业界互利互惠的合作机制，建立校外人才培养基地和实习基地，形成产、学、研结合的教育形式。

## 二、商务英语人才培养目标定位的内容

### （一）培养复合型人才

复合型人才是指获得了本专业以外第二（甚至第三）个专业的基本知识和基本技能，成为能适应跨专业、跨学科工作和研究的人才。

英语语言与商务的结合不仅促进了新型人才的出现，而且对英语和商务两种社会活动领域的未来发展都具有较大的促进作用。在未来产业结构升级中，英语对经济实践的贡献将会更大，例如，语言认知与创新思维的关联、商务语言类语用研究与国际商务沟通、人文精神与创意产业、体验经济的关系等都将是语言推动经济的具体体现，也能够提高语言研究的现实应用价值。同时，国际商务活动属于一种跨文化的语言交际活动，这恰恰也给外国语言的研究和教学提供了丰厚土壤。全球化和经济转型的交叉进程促成了我国越来越高的经济外向度，这一客观现实决定了我国目前及今后相当长一段时间内英语教学的"复合化"道路，尤其是与经济贸易等学科的"复合"，这也是商务英语学科在我国逐渐兴起的原因。

### （二）培养国际化人才

所谓国际化人才，"即具有国际化意识和胸怀以及国际一流的知识结构，视野和能力达到国际化水准，在全球化竞争中善于把握机遇和争取主动的高层次人才，或者是指那些通晓专业国际惯例，能够熟练使用外语，具有较强的不同文化适应能力，具备国际视野，通过接受一定程度的专业教育，获得专门技能知识和资格的专业人才"[1]。当今世界知识经济加速发展，世界经济发展的动力已由物质资源转为人力资本。人才数量的多少、质量的高低和结构的优劣决定国家竞争力的强弱。能够促进国家国际竞争力提升的人才首先必须是国际化人才。

#### 1. 国际化人才培养的意义

商务英语专业的学生将来是要参与我国对外贸易和各种涉外商务活动的，他们未来的工作内容、工作性质和工作环境决定了他们的国际化属性。商务英语人才国际化的重要性体现在以下三个层面：

（1）决策层面

全球化进程和日新月异的科技进步使国际商务环境越发复杂，越发需要高瞻远瞩的战略眼光。只有具备了国际视野和国际化思维，才能够站在全球化的角度，以更全面、更前瞻的眼光看待问题和思考问题，制定出科学、合理的国际商务策略，实现商务目的。

---

[1] 张磊. 高校商务英语人才培养研究 [M]. 北京：现代出版社，2019：29.

（2）操作层面

具体的业务操作离不开贸易规则。任何一个商务活动细节都需要遵守特定的贸易规则。中国对外贸易和其他国际商务活动必须遵守贸易规则。作为国际商务从业人员，精通贸易规则是最基本的要求，这能够保证业务的顺利进行，并且防止自己的利益受到损害。当然，世界贸易组织的贸易规则不可能约束所有的商务活动，各国的文化传统不同、习惯做法各异。如果不熟悉国外的商业习惯和特定国家的规则，不但达不到目的，有时甚至会给自己带来经济损失。在具体的业务操作过程中，每一个细节都体现着从业人员的国际商务操作能力和国际事务处理能力。

（3）交际层面

国际商务活动本质上是一种跨文化活动。在跨文化交际中，人们往往倾向于借助母语规则、交际习惯、文化背景及思维方式来表达思想，这就是民族中心意识。民族中心意识不利于国际商务活动的顺利开展。在对学生的专业教育中融入跨文化交际能力培养，可以帮助学生跨越障碍，将跨文化交际中的问题减到最少。总而言之，人才国际化的一个重要内涵就是跨文化交际能力的形成。

**2. 国际化人才培养的要素**

结合理论研究和商务英语教学实际情况，国际化人才的培养主要包含三部分内容，即意识、知识和能力素质。

（1）意识

国际化意识包括国际理解意识、相互依存意识、和平发展意识和国际正义意识。"国际人"必须保持广阔的视野，加强对不同文化的理解，养成尊重不同文化的态度。国际化意识是指导人们正确处理跨文化交际活动的决定性因素。

（2）知识

在国际化知识方面，商务英语专业的学生除了要掌握英语语言知识和国际商务知识以外，还需要了解更多国际方面的知识，如国际时事与政治、本民族在国际社会中的地位与作用、世界发展历史与趋势、东西方文化对比知识等。此外，"国际人"还必须掌握一定的世界地理知识。所有这些知识均有助于从业者了解世界、走向世界，增进他们与世界各地贸易伙伴的沟通与了解。

（3）能力素质

国际化能力包括独立思考能力、跨文化交际能力、参与竞争能力、信息处理能力、终身学习能力、创新能力、经受挫折能力等。要想在国际竞争中获得胜利，国际化思维是前提，跨文化交际能力是基础，创新是关键。换言之，未来的国际化商务人才需要以国际化思维作为行动指导，在跨文化商务交流活动中，通过自己的学习能力、信息处理能力以及耐受挫折能力，不断创新经营方式，拓展经营领域，为行业的发展和进步做出贡献，实现自身、企业和国家多重发展的目标。

（三）培养创新型人才

何为创新型人才，社会各界都有不同的理解，但人们对创新型人才的性质认识是一致的，即创新型人才必须具备创新的意识、精神和品质，同时又必须具备创新实践的潜质和能力。

我国传统的教育思想是以知识的传承为基础、以知识的掌握为中心的。因此，在教学中强调学生对知识的记忆、模仿和重复的练习。新的培养模式就要鼓励学生独立思考，培养他们的批判精神和能力，让学生学会解决问题。

商务活动最大的特点就是它的"复杂性"，在复杂多变的商务领域，从业人员的创新能力显得尤为可贵，因为这种能力可以帮助他们应对各种不可预测的复杂问题。

创新体现在"新"字上，"新"意味着不同，就是与旧的、传统的思维或方法的不同。在某种程度上，创新型人才培养就是强调人的个性发展，是一个人独特性的表现和张扬。个性的充分发展是创造性思维的基础，而独特的个性则是创新型人才的特征。所以，我们的人才培养方案需要保证学生个性的充分发展。个性的发展和发挥需要有相应的环境和氛围。在学制、课程设置、教学活动设计、教学评价体系设计中应该保证创造宽松的、自由的、追求真理的学习环境和学习氛围。只有在有利于创新的制度下，学生才能真正地发挥自己的个性，才不会泯灭创新意识、创新精神，才能充分挖掘自身的创新潜能。总而言之，办学主体在商务英语人才培养方案的制订中一定要融入创新能力的培养理念。

（四）培养复合型人才

通才教育是为了培养具有高尚情操、高深学问、高级思维，能自我激励、自我发展的人才。通才教育重视知识的综合性和广泛性，注重理智的培养和情感的陶冶。而专才教育比较注重学生实际工作能力的培养。专才教育专业划分详细，重理论学习和基础知识，培养的人才短期内具有不可替代性。这两种培养模式都存在不足。在通才教育模式下，人才往往由于涉猎过分广博，学科的深入发展受到影响，以至于专业知识欠缺，无法快速胜任工作。专才教育模式在专业划分过细的情况下，片面强调职业教育，会造成学生知识面狭窄、后期发展无力的后果。

　　通才与专才不应对立起来，专才教育不是对通才教育的否定。商务英语人才的培养正面临着复杂的人才需求环境。国际商务活动涉及不同国家的经济、文化、哲学等多个领域，需要从业人员不仅应具有扎实的商务专业知识、熟练的商务技能，还要具有综合的人文素质来应对这种复杂的从业环境。多数涉外企业对人才的需求中明确地提出了"具有较高的人文素质"这样的要求。较高的人文素养也是国际化人才的必要素质。没有宽广的知识面，也不可能形成国际化的思维方式和国际化视野，这些内外因素决定了商务英语的人才培养方案中必须考虑通才教育与专才教育的结合。在人才培养方案的制订中，我们可以通过课程设置、教学体系和教学评价体系等方面的科学设计，体现专才与通才培养相结合的教育理念。

## 第二节　商务英语人才培养的模式构建

### 一、四位一体的商务英语人才培养模式

　　为了在 21 世纪的国际社会中更好地发出中国声音，我国急需培养可以使用国际化语言传播中国文化的人才。在这样的情况下，以英语专业为基础，结合传播知识专业综合发展的国际传播复合型人才越来越受到关注。国际传播专业的特性是注重应用和实践，所以，很多用人单位在招聘国际传媒专业的学生时，希望可以招聘到具有更强实践能力和应用能力的人才，希望学生可以不接受培训就直接参与工作。在这样的情况下，高校面临着更大的国际传播人才培养挑战。

　　目前，我国在较大范围内开展了人才培养改革工作，改革的主要目的是

让人才更符合经济社会和科技的发展需要。在培养人才的过程中，需要注重人才培养的知情统一，也需要因材施教，所有的教育活动要符合人才的成长规律，也要遵循教育发展规律，培养人才应该向着技能型人才、复合型人才以及应用型人才的方向转变。外语教育是跨文化交际的重要媒介，也是我国教育体系中的重要组成部分，科学规划外语教育能够为社会发展提供更多掌握多种语言技能的人才。多语言人才的培养也能够促进我国和世界其他国家的交流。分析当下的大学英语教育，可以发现存在一些未解决的难题。大学在培养学生时应该强调知识技能的掌握，应该注重培养学生的自主学习能力。与此同时，大学英语教师也应该转变教学思路，创新教学方法和教学模式，积极加入英语教学改革的队伍中。在做出有效改变之后，教师可以更好地带领学生进行英语学习方面的创新和改革。大学英语教育应该强调使用四位一体的教学方法，这样英语教学目标才能更好地实现，英语教学才可能获得预期的教学成果。

在经济全球化发展的情况下，我国社会发展急需英语人才，下面将从人才培养和人才就业矛盾解决的角度出发，以商务英语专业的学生为例，探索商务英语教学方面可以做出哪些改革，并且以四位一体的模式为前提提出改革方案。

### （一）四位一体培养模式的内容

#### 1."厚"英语基础

"厚"英语基础，即坚持英语本位的原则，要求学生具有较扎实的英语语言基础以及较强的英语交际能力。在语言基础知识和基本技能训练中，侧重培养学生的实用能力和英语应用能力，以适应终身教育与学习化社会发展的需要。对"厚"英语基础的教学实施需要注意以下方面：

（1）合理设置英语基础课程

在课程设置上，坚持针对性和实用性原则。在"必需"和"够用"的前提下，以学生综合能力培养为基点，以英语能力发展为主线，注重英语基本知识和技能，强调语言交际能力的培养。例如，在基础课程中，开设英语精读、阅读、语音等。听、说、写是我国学生不足的地方，故在大学英语课程设置中一定要强化听说和写作能力，如开设视听说、商务谈判、商务口语等课程。

(2) 使用分层次的教学方式

当学生的基础能力水平不同时，教师应该开展阶段性教学，为不同阶段水平的学生设置不同的学习目标，帮助学生打好英语学习的基础，让学生真正地学有所获。除此之外，不同的外语课程针对性不同、目的性不同，所以，教师应该选择适合外语课程的教学方法和教学内容，这样才会获得理想的教学效果。举例来说，如果学生的英语基础比较差，那么教师应该在教学过程中着重强调基础知识的掌握，如果水平比较高，那么教师应该着重强调综合能力的掌握。

(3) 使用阶段考核的评比机制

基础学习阶段应该以英语等级考试为培养目标，系统科学地对学生的初级能力进行培训。与此同时，培养学生的英语学习兴趣。步入高年级学习阶段之后，应该鼓励学生考取更高水平的英语证书，并着重注意学生交际能力的培养。与此同时，需要将竞赛考核机制应用在考核评比过程中，保证学生的听、说、读、写、译等技能得到有效培养，为学生步入社会参加工作打下坚实的基础。

### 2. "通"商贸理论

"通"商贸理论即着眼于商务知识的系统传授，使学生掌握国际经济贸易领域的基本知识和理论，使之具有宽泛的商贸知识和一定的商务操作能力。宽泛的商贸知识是指了解国际贸易、国际金融、电子商务、市场营销、国际商法等方面的一般理论知识和法律常识；一定的商务操作能力是指掌握国际商务活动中常用的实务操作能力，如进出口业务单证制作、产品推销、商务公关和谈判、商务文函处理等。理论知识以够用为原则，以宽泛为目标，操作能力着眼于商务实务，强调学生的动手能力和实践能力。对"通"商贸理论的教学实施需要注意以下方面：

建立和商贸理论专业课程联通的课程体系。英语课程的学习不能仅仅局限于英语知识，学生还需要同时了解商贸理论知识，这样，学生的专业视野才能得到有效拓展，学生才可能更好地步入社会适应工作。举例来说，学生应该学习商务谈判知识、酒店管理知识、电子商务知识、市场营销知识以及国际商务法知识。了解这些知识有助于学生专业视野的开阔，也有利于学生知识面的拓宽。商务课程可以根据重要程度划分成必修课程、公共选修课程以及专业选修课程等类型，学生可以按照自己的学习兴趣和学习需要选择适合的课程。商务课程教学需要让学生既了解商务理论知识，又能够学习到具体的商务操作技能。

创建一支双师型教师队伍。想要培养出具备综合能力的学生，学校需要为学生提供双师型教师。在创建双师型教师队伍的时候可以使用以下几个措施：首先，可以聘用在社会中具备一定商务从业经验的高水平人员加入教师队伍；其次，可以对教师展开培训，让教师学习商务知识和商务金融；再次，可以鼓励和号召英语教师准备商务职业资格证书的考试，鼓励教师自主学习商务知识，参与相关培训；最后，和出口贸易公司、海关单位或者外资企业合作，让教师定期到这些企业和单位挂职训练。

### 3."重"实践操作

"重"实践操作指的是商务英语教学应该注重人才培养模式的改革和实践教学体系的创新，这样，商务英语专业才能有自己的专业特色，专业教学质量才能提升。具体来讲，"重"实践操作需要着重关注以下几个方面的教学要求：

（1）搭建有现代化特点的校内实训中心

有现代化特点的实训中心主要有两种类型：首先，各种各样的语言实训室，比如口语、听力等方面的实训室，此类型的实训室可以为学生的自主学习提供便利，让学生获得更多的自主学习资源。其次，模仿商务工作环境的商贸实训中心。商贸实训中心可以提供模拟教学服务，可以让学生处在仿真的商务环境中，在更加真实的环境中，学生可以自主进行相关工作的模拟训练，真实地应用学习到的相关商务课程知识。这样的实训中心能够培养学生的实际问题处理能力，也能让学生接触到相对真实的业务办理流程，这在一定程度上提高了学生的实践能力、动手能力。

（2）建立可以为学生提供稳定服务的校外实训基地

建设校外实训基地可以让校内实践教学延伸到校外，也能够让学校的实践教学体系变得更加优化和完善，学生可以在校外实训基地中真正体验工作流程、工作内容，以此来提升自己的能力和水平。学校可以与外贸单位、海关形成合作关系，整合各种各样的教育资源。通过合作的方式，学生可以了解真正的电子商务业务内容，也能够熟悉商务工作中的各项业务办理工作，可以说，学生能够在校外实训基地全方位、全程模拟实际工作流程。

**(3) 完善和优化专业考核测评体系**

考核测评体系的完善和优化应该着重关注能力考核方面，学校应该针对不同的专业课程制定不同的实训考核细则和考核大纲。专业考核测评体系的完善应该有助于学生创新能力水平、工作能力水平以及知识和技能运用水平的提升，有助于推动教师进行教学方法、手段、内容等方面的创新，也有助于学生改变学习方法，形成自主学习习惯。

除此之外，考试形式应该更加丰富，除了笔试之外，也应该同时开展实践考核。实践考核的过程中应该同时关注考核过程和考核结果，教师应该为学生提供多次参与考试的机会，一直到学生的能力水平达到教学目标的要求为止。实践考核内容应该涉及所有的实践内容，平时的流程作业和业务模拟作业也应该是实践考核的内容之一。综合地对学生的所有实践内容进行评价，才能科学地评判学生的实践水平和知识运用水平。

**4. "活"岗位群适应能力**

在四位一体人才培养模式下，商务英语课程设置的基本原则是以学生就业岗位群的知识、能力和素质需求为依据，以培养英语语言能力、商务操作能力为核心，坚持理论教学和实践紧密结合。在课程设置上既尊重学生的学习自主权，又反映社会对毕业生知识、能力、素质的要求；既有利于学生个性的充分发展，又能增强毕业生的择业和竞争能力。对"活"岗位群适应能力的实施需要注意以下方面：

**（1）设置专业模块选修课**

在英语类专业基础课程的基础上，将专业岗位群中的一个专业方向划定为一个专业选修模块。首先分析所有专业岗位群的情况，以及历年毕业生的信息反馈，经过反复的市场调研以及对就业市场人才需求状况的调查，将目前急需的岗位群设置成几个模块，如国际贸易、市场营销、涉外旅游等。学生可根据自己的兴趣和今后的就业意向任意选修其中一个模块，并考取相应的职业资格证书。

**（2）开设专业任意选修课**

相较于专业模块选修课，专业任意选修课是对课程设置的升华，专业任意选修课可以按照社会对人才的具体需求来调整课程内容的设置，真正地体现出人才培养的灵活性。学生可以根据自身的发展需要以及自己的学习特点，在专业模块选修课程之外选择适合自己的、能够满足自己就业需要的专业任意选修课，以此来提升自身的知识储备，加强自身的专业技能。

（3）学校和教师应该鼓励学生多参与职业资格证书考试

社会单位在招聘人才的时候，会通过职业资格证书来判断人才的水平，学生也可以通过职业资格证书来增强自身的竞争力。学生可以通过专业模块课程和任意课程的学习来掌握专业能力，并且在此基础上去参加职业资格证书考试。学生获取的职业资格证书越多，考试时可以选择的就业方向就越多。

商务英语专业人才的培养必须注重语言能力，必须始终把语言能力培养当作核心培养内容，在此基础上应该培养学生的应用能力。商务英语专业人才培养过程中，需要始终按照四位一体的人才培养要求提升商务英语专业人才的能力。

### （二）四位一体模式的价值

英语四位一体教学法的理论为解决我国英语教学中的重要、热点问题指明了方向，并提出了切实可行的方法。四位一体框架结构对英语教学的启示有：一是要重视语言知识和信息的输入量，并且根据学生的情况分阶段、有侧重、循序渐进地输入。二是知识和技能密不可分，知识的掌握必须通过技能的训练和练习，才能上升到应用的层面，知识和技能构成了四位一体牢固的底座。课堂教学中精讲精练，使学生有充分的学习、思考、整理、归纳时间，从而发挥学生的自主学习能动性，提高课堂效率。三是要学以致用，培养听、说、读、写、译的语言能力。"学"是过程，"用"是目的。在教学过程中，教师要创设生动活泼的语境，把知识和技能融入语境，创造接近于真实的教学场景，而不是死记硬背条条框框，这样学习的效果就会更好，有助于语言的输出。四是重视语言文化的学习，开展社会实践，培养具备较高语言素质的应用型人才。

### （三）四位一体模式的构建

#### 1. 优化教学目标，采用全新教学理念

教师在组织英语教学活动的时候，应该考虑到学生的英语水平，也要考虑到知识的属性。如果学生的英语水平有较大的差距，那么教师应该以学生的英语能力为基础，结合学生的英语学习爱好科学地布置学习内容。举例来说，在大一学习阶段，教师应该注重培养学生的英语学习兴趣，打好英语学习基础，帮助学生系统地复习之前学过的英语单词、语法，并且经常组织英语小组讨

论活动、英语辩论活动，帮助学生提升英语学习的兴趣。

教师在扩充学生英语知识的过程中，应该使用多种多样的教学方法。多种教学方法的使用有助于各种类型的材料建立联系，有助于学生加速理解英语知识。

### 2. 小组协作学习，全面提高学生兴趣

协作学习与个人学习不同，是一种通过小组或团队的形式组织学生进行学习的策略。小组成员的协同工作是实现班级学习目标的重要组成部分。小组协作活动中的个体（学生）可以将其在学习过程中探索、发现的信息和学习材料与小组中的其他成员共享，甚至全班同学共享。协作的方式有角色扮演、辩论、讨论、竞争、合作、问题解决等。

### 3. 调整课程体系，构建多媒体技术平台

第一，对课程体系做出调整。为让课程体现出更强的应用性以及可操作性，英语课程的设置应该重新调整理论课程和实践课程所占的比例，理论课程的占比应该有效压缩，教学应该更加强调实践的重要性。与此同时，学生的成绩考核方式也应该调整，着重关注学生的实践课程评比。举例来说，国际传媒专业在进行学生能力评价时，应该注重评价学生在新闻采写、新闻采编等方面的能力。根据这一评价标准，学校在培养学生时也应该着重培养学生对英语新闻的采编能力。想要完成采编能力的培养，学校需要在课堂实践课程中强调采编能力的养成，也需要在具体的社会媒体实习过程中，强调采编能力的培养。

第二，搭建多媒体技术平台，为学生的课程实践提供平台支持。实践成果的获得需要硬件设备的支持。但是，分析目前的大学硬件设备配备情况，可以发现一些大学还没有建立大型的多媒体技术平台。但是，大学可以借助学校现在已经拥有的资源，为学生提供多媒体实验室，让学生在开展实训训练的过程中有一定的技术平台作为依靠。举例来说，学校可以将广播、网站、编辑机房或者虚拟演播室等资源整合起来，为学生提供服务。

### 4. 课内教学、课外实验、社会实习有机融合

一体化的实践体系应该同时涉及校内实践培训和社会专业实习培训，只有校内和校外的实践有效衔接，国际传媒课程才能真正具备实践特征。

虽然在学校实验室中开展的实践训练内容单一，也没有非常真实的社会

环境，但是，这样的实践训练非常重要、不可或缺。通过学校实验室的实践训练，学生可以了解实践工作的一系列流程。举例来说，新闻编写，在实验室的实践训练过程中，学生可以自主选题、自主策划、自主拍摄，然后自主编写出以英语为内容的新闻。但是，实验室实践训练虽然让学生了解了整个操作过程，却没有给学生真正带来实际工作中的压迫感，所以，课堂实践应该结合第二课堂的实习，这样学生才能真正具备新闻编写的能力。

在课堂实践教学和第二课堂充分结合之后，学生才能真正意识到作为媒体人应该承担哪些责任。分析高校目前的硬件配备情况可以发现，高校基本有自己的网站、广播站，有一些高校还配备了电视台，在这样的情况下，国际传媒专业教学完全可以利用此类资源，把学校当成一个微小版的社会，学生可以在学校这一社会中具体操作新闻媒体，开展第二课堂的实践教学活动。学生可以组建小组或者团队，在教师的指导下，报道学校发生的新闻事件。在经过一段时间的实践锻炼之后，学生会掌握新闻工作所要求的实际能力，也会明确实际的工作环境，还会清晰地知道新闻团队应该如何组建、如何配备人员。

第二课堂完全把学生当作学习中心、学习主体，学生的兴趣可以得到充分激发，学生可以将自己在第一课堂中学习到的英语知识以及英语技能应用在第二课堂中。在应用的过程中，学生可以对知识进行二次创造，与此同时，也能在实践的过程中注意到知识应用的具体事项。可以说，在应用的过程中，学生在课堂中所学习到的理论知识能够得到充分的巩固，英语综合能力水平也会有效提升。具体来讲，第二课堂可以采用以下措施：举办英语文化节、英语歌曲比赛、英语知识竞赛、英语文章朗诵活动等。各种活动的获奖文章、获奖视频可以上传到学校网站，在全校范围内展出，这样获奖的同学可以得到更大的鼓励，没有获奖的同学也可以得到更大的激励。

### （四）四位一体模式的评价机制

#### 1. 建立教师实践教学考核机制

高校现在使用的学术考核机制使传播专业的教师面临较大的工作压力，教师除了要继续学习专业理论知识之外，也要熟悉具体的实践操作。但是，学校又没有为教师提供能够锻炼操作水平的平台或者途径，所以，如果在此情况下，学校把理论能力和实践能力当作教师考核的标准，那么教师很难真正达到要求。因此，学校应该积极做出改变，为教师提供到其他单位或者企业进行挂职锻炼的机会，并且慢慢地将教师在企业和单位中的表现当作教师的考核内容。实践机会的提供极大地帮助了教师构建理论和实践之间的联系，也极大地提升了教师的实践能力。在这种情况下，学校更容易打造出双师型教师队伍。

**2. 建立学生双重考查机制**

学生双重考查机制指的是对学生做考试和实践方面的双重考查，这种考查机制的优点在于把媒体实习纳入了考核范围，可以有效地检验学生在实习中的学习成效。在过去，学生面对学校提出的实习要求，通常情况下是应付了事。在学校建立科学的实习考查机制之后，学生的实习评价慢慢变得有章可依。在评价学生的实习成果时，需要使用量化标准，举例来说，可以通过设置实践学分的方式考核学生的实习成果。也就是说，学生的日常学分评价系统中，除了将学分分配给理论课程之外，也应该将学分分配给实践课程。学校可以通过衡量学生实习期间视频节目的播出效果来判断学生的能力，并且给予合适的实践学分。

高校在培养国际传播人才时，应该改革创新，不应该继续使用传统教学模式，应该进行教学模式的创新，努力结合学校本身的发展优势，创造出适合学生发展需要、适合学生本身特点的教学模式。只有教学同时覆盖理论学习和实践技能锻炼，培养出来的学生才是符合学校和时代发展需要的学生。

综合来看，四位一体教学方法完全符合现代教育理念的需要，而且遵循了教育学原理、心理学原理，可以说，它的出现完善了外语教学理论。而且，在四位一体教学方法的支持下，高校英语教育真正做到了教研之间的结合，避免了教学实践探究过程中的许多弯路，帮助高校极大地提升了英语教学质量。

四位一体理论指导下的课堂教学活动有效提高了学生的外语综合应用能力，尤其是听说能力，使学生在以后的工作和社会交往中能用英语有效地进行口头和书面交流；增强了学生自主学习的意识，提高了学生自主学习的能力；可以帮助学生了解西方文化和历史，提高文化素养；可以提高学生的应试能力，取得较好的成绩。

我们在教改和研究的过程中，要正确处理好理论教学和实践教学的关系，平衡理论课和实践课的课时,在保证理论教学效果的基础上,适当增加实践教学环节;使网络教学和课堂教学齐头并进,充分发挥两者的优势;要重视外语综合应用能力、自学能力的培养,也不能忽视英语四、六级的应试;对学生的评价要客观,结合形成性评估和终结性评估体系考核学生。

在人才培养的各项改革中,教学目标的设定、教学大纲的评价、课程体系的构建、教学方法的改革都应将学习者需求、教师因素、社会需求等考虑进去,构建和谐、共生的生态系统。在实施的过程中,课堂内外联动、师生联动、校企联动,形成合力,构成和谐的整体,促使教育目标顺利实现。

## 二、创新型的商务英语人才培养模式

创新型人才主要指具有开拓性、创造能力,能开创新局面,对社会发展做出创造性贡献的人才。"高校英语专业教学的创新主要指对教育教学理论和教学实践的创新研究,教师、学生在自身素质水平上创造出高于原有认知的事物。"[1]高校培养的创新型英语人才通常要具有创新意识、创新能力和创新人格,具备健全的心理素质、复合知识架构和高效实践能力。也有学者把创新型人才解释为专业基础扎实,知识面宽广,具有相对较高的思想道德素质、心理素质、文化素质,具有缜密的思辨能力,具有相对较强的分析问题能力、解决问题能力,能够在自己从事的领域进行创新。

随着就业市场的不断发展,对英语人才的培养提出了新的要求,除了需要英语语言文学学科领域的研究人员和教学人员外,还需要大量的英语与其他有关学科相结合的创新型英语人才。培养这种英语人才是社会主义市场经济的需要,也是时代的要求。因此,新时代的英语人才应该具备以下五个方面的特征:扎实的语言基本功、宽广的知识面、一定的专业知识、较强的能力和较好的素质。

大学英语教学改革中创新型人才培养模式,就是以培养创新型人才为目标,从创新型人才的特性与社会发展需要出发,在大学英语教学理念、师资培养、课程设置、教学内容与方法和教学评价体系等方面实现创造性调整或变革的教育运作方式。

---

[1] 李园园. 商务英语教学与人才培养研究[M]. 西安:世界图书出版西安有限公司, 2018:149.

## （一）创新型商务英语人才培养模式的原则

### 1. 主体性原则

教师应该始终坚持以学生为主体的教学原则，知识获取需要学生发挥自主性，培养和提高学生的创新能力和创新精神要建立在学生自主参与的基础上。在培养创新型人才的过程中，大学英语教师应该转变传统的教学方式，以学生为主体，引导学生大胆创新，进而促进学生的全面发展。作为教师，最重要的任务是引导学生自主学习，并将学习方法和规律融入教学中，引导学生树立正确的学习观，不断提高学生的自主意识和掌握能力，并引导学生积极探索和深入学习学科知识。在教学的过程中，学生始终是学习的主体，应该充分发挥学生的主体性以及教师的引导作用，不断提升学生的自信心和责任感，让学生敢于展现自己，并引导学生逐渐形成批判质疑的精神和独立自主的个体意识，为培养学生的创新精神和创新能力奠定基础。

### 2. 民主性原则

从本质上来说，创造性活动属于异常行为。开展创造性活动需要具备的条件是信息自由及心理安全。在教学的过程中，越民主，学生盲目从众的意识越弱，创新意识更强。教师在大学英语的教学过程中，应该以培养学生的创新意识和创新能力为切入口，为学生营造和谐、开放的教学环境以及心理自由、心理安全的学习氛围，由此，学生解决问题的信心和勇气也会增加。在教学课堂中，教师应该淡化教师的权威，支持学生的不同意见，并鼓励学生敢于质疑，敢于发表自己的看法和意见。除此之外，教师还应该尊重学生的个体差异性，尊重学生的个人兴趣和爱好，保护学生的个性，激发学生的创造力和求知欲。尊重学生可以使学生大胆创新，提升学生的自信心，由此，学生的创新意识和创新精神不断提高，并以此为基础，灵活地运用学科知识，从而不断丰富知识体系，创作出独具个人特色的作品。

### 3. 个性化原则

从实际情况来看，个性化特点越明显，学生的创新意识和创新精神就越强。很长时间以来，我国的大学英语教育一直都沿用传统的五项技能培养模式，这种方式在一定程度上不利于学生的个性发展，如思维能力、创新能力以及分析能力等。除此之外，在各高校，大学英语学科培养创新意识及思维能力的功能被统一化的教学目标、计划和教材削弱。创新型人才的培养应该尊重和保护学生的个性发展。教学时，教师应该营造良好的学习环境和氛围，让学生的个性特点充分彰显。学生通过教学活动可以充分认识自己，进而丰富自己的思维逻辑，充分发挥主观能动性，并在此基础上不断拓宽思维深度及广度。教师要正确引导学生充分发挥自己的优势和特长，最终培养和提高学生的创新意识和能力。

### 4. 实践性原则

实践是创作的源泉，为了提高学生的创新能力，教育教学活动中要加入实践，实践活动的内容多以课堂延展内容为主，由此，可以将理论知识转变为实践能力和创新能力。大学阶段英语教学内容的实践性很强，在培养相关人才的过程中，不仅要培养学生的语言能力，还需要培养学生的交际能力。在教学的过程中，教学设计时不仅要多设置听和读语音输入的练习，还应该让学生多说英语和书写英语，除此之外，还应该鼓励学生多参与社会实践，将英语知识运用到实际生活中，甚至还可以将英语知识运用到其他科目中。此外，英语知识的来源也应该不断拓展延伸，不仅要从教师和教材中获取知识，还可以从其他任何有益于学生的平台获取英语知识，把理论知识真正转换为创新能力。

## （二）创新型商务英语人才培养模式的构建

第一，以就业为导向。随着市场竞争机制的引进，就业市场出现了雇佣双向选择的局面，毕业生开始自己走进人才市场推销自己。如何使毕业生适应市场并成功就业，这就要求对就业市场的需求有较准的把握。我们应认真地考虑当前市场经济需要怎样的英语人才。经济全球化使对外交流越来越频繁，传统单一的英语人才已经不能满足多元化的趋势，社会更需要具有综合实力的创新型英语人才，即能将英语与某个专业领域相结合的英语人才。综上所述，创新型英语人才培养的模式应以就业市场为导向，将就业市场需求情况与英语人才培养紧密结合起来，培养出适应市场经济需要的英语人才。

第二，以创新为特色。虽然创新型英语人才要求将英语与某个专业相结合，但是我们也要根据不同专业的不同情况，在培养模式的制定上因地制宜。英语专业创新模式，即以英语为主，在外语范围内进行，将英语与学科紧密结合的培养模式。具体表现为实行"英语 + 专业倾向 + 学科专业"，三者的课时按1∶1∶1来划分。模式可分为大、中、小三个规模，这种模式旨在提高英语专业水平的基础上，延伸到提高整个外语水平，使学生不仅仅是掌握一门外语，而是掌握至少两门外语又具有某个专业特长的高水平人才。像这种一专多能应用型高级人才，正是我们创新型英语人才培养模式的目标。

第三，以专业为基础。在创新型英语人才培养模式的建构中，英语的课程体系不是简单的拼凑组合，而是根据创新型英语人才培养目标和规划，对基础与应用、理论与实践、选修与必修等课程的一种科学有机的优化组合，是以一两门外语为工具、以另外一两门跨学科专业为方向的课程体系。一般而言，在以创新为基础、以市场为导向的前提下，学生要学习英语语言基础知识，接受英语听、说、读、写、译等方面的语言基本技能训练，能够较熟练地使用计算机进行英语及汉语言文字处理。同时，掌握多方面的科技知识和技能，在外贸、外事、外资等方面具有较高的素质，能适应其工作。

### （三）创新型商务英语人才的培养措施

#### 1. 为培养创新型外语人才提供保障

在教学思想上创新教学理念，可以为培养创新型外语人才提供有效保障。创新的本质和核心内容是教育教学理念。创新型教学理念关系着教学体制创新、教学方法创新、教学评估创新、教学内容创新、教学课程设置创新等。所以，创新理念对教育教学的创新非常重要。

创新型社会对外语人才的培养和要求也一样，外语专业的学生不仅需要具备较强的语言能力和技巧，还需要具备较强的研究能力、应用能力以及创新能力。所以，要想真正转变英语专业教学模式以及人才培养模式，最重要的是教学实践者和组织者必须创新教学理念，提高自身认知和解放思想，并根据自身的实际情况以及教学特点不断深化和完善学科的理论研究、设计方案，将英语教学的规划精细度提升，重视实践过程，不断提升教学质量和水平，强化教学理念，只有这样，才能适应社会发展的需求。

培养创新型外语人才的根本条件是更新教学理念，如果教学理念不改变，很难实现其他方面的创新。当下，最重要的是转变各高校的教学理念，充分发挥学生的独立自主能力和创新能力，不断提高教师的教学水平。教师在教学中应引导学生深入感受和理解学科知识，由此培养和提升他们的创新能力和科学研究能力。在日常教学中，最重要的是发挥学生的主观能动性，引导学生自主学习。学生在实践的过程中难免会遇到各种不同的情况，因此，教师应该尊重学生的意见，让学生敢于表达自己的观点，引导学生积极思考，促进学生的全面发展，并在此基础上提升学生的综合能力，让学生充分展现自我，提升自主意识，从而为创新打下坚实的基础。

**2. 加快培养创新型英语人才的步伐**

加快培养创新型英语人才的步伐应该合理调整培养目标、改革课程结构、创新和优化教学方式、完善教学评价体系。培养创新型人才最首要的任务是形成科学、合理的教学模式。教学模式是指根据教学思想或教学理念的指导，在特定的教学环境中形成教与学的稳定关系以及完善的教学结构形式。另外，科学的教学模式就是建立在稳定的教学关系以及完善的结构形式基础上的，且这种教学模式具有跨越性及包容性，除此之外，还具有多元化的教育途径和培养机制。构建创新型英语专业人才培养的教学模式必须对以下内容进行优化和调整：

（1）及时调整培养目标

很长时间以来，我国英语专业教学衡量教学质量和学生水平的标准都是考研率以及专业过级情况，学生也以过级和考试通过作为学习目标。该教学模式容易导致学生的学习变成被迫接受，无法适应创新型社会的人才需求。所以，在培养英语创新型人才的过程中，高校应该从自身的实际情况出发，及时调整培养目标。

（2）完善并优化课程设置

当下，各大高校开设的英语专业课可以分为三大类：第一类是技能课程，比如英语口语、阅读、翻译等；第二类是知识课程，比如英美文学等；第三类是与英语相关的专业知识课程，比如经济、新闻、科技等。从培养人才的角度来看，这些课程可以为学生搭建良好的知识构架，培养和提升学生的创新意识和能力，但它也有局限性：第一，这种培养模式无法充分展现英语的专业内涵；第二，不利于培养和提升学生的综合素质。因此，设置英语课程应该根据社会人才需求调整教学内容和教学方法。培养的创新型人才应该满足以下条件：具有健全的心理素质、创新意识和人格；具有较强的实践能力及完善的知识架构；具有扎实的语言功底，专业知识全面系统；具有开阔的视野，人文素养较深；具有较强的分析能力和实践能力等。

根据实际情况来看，各高校可以从以下几点进行调整和完善：

第一，删繁减旧，充实新理论和高技术，调整内容重点，加强课程教学的针对性。可适量增加通识类教育课程，如辩证法、社会学、心理学、逻辑学及热点、前沿问题研究成果等。

第二，重组整合，把原有几门相关课程的内容进行融合，组成一门新课程，提升课程层次和水平。

第三，形成系列化课程，例如语言学、应用语言学等课程。

第五，根据实际需要引导学生跨专业体系辅修第二学位，如商学、法律、国际关系、旅游等，以此拓展学生的知识面，使他们成为真正具有多学科知识背景、多视界思维模式的创新型人才。

创新大学英语课程设置是培养大学生创新能力的基础。语言的生命力在于运用，创新思维来自实践，只有将听、说、读、写、译能力综合运用的学生才有可能培养成为创新型人才。另外，教学过程中要积极开展第二课堂，要创造条件开设技能拓展类课程，包括学术英语、专门用途英语、高水平考试培训等模块，开设跨文化交际、影视欣赏、报刊阅读、英语辩论等多样化的选修课程，进一步激发学生的学习兴趣，从而为创新型人才的培养打下基础。教学内容上要重视对学生人文素质的培养，加大对国内外传统文化、历史、哲学及文学艺术的教授，增进对国内外文化科技发展趋势和最新成果的了解，并适应多元文化的世界；既要保证学生在整个大学期间的英语语言水平稳步提高，又要有利于学生个性化的发展，以满足不同专业的需要。

（3）积极创新教学方法

在教学的过程中，应该坚持以学生为主体的教学原则，并积极落实因材施教的教学方法。在教学实践的过程中，教师应该转变角色，始终以学生为中心，让教学活动从被动接受转变为主动探索。此外，还应该根据实际情况开展任务式教学、研究式教学等，给学生更多独立自主学习的时间，为学生构建施展才华和发展个性的平台，让教学转变为实践。另外，还应该根据教学情况增添实践课时，改变以往缺少实践的情况。为学生提供各种参加社会实践活动的机会，让学生把学到的知识运用到实际生活中，促进学生全面发展。

合理的教学方式可以提升学生的创新意识和创新能力。在具体的教学实践中，教师可以运用不同的教学方式激发学生的学习自主性和创新意识，比如开展小组讨论等合作活动，激发学生的创新思维，促进师生之间的关系，增加学生和教师之间的互动，尊重学生的个体差异性，促进学生的个性化发展，不断提升学生的创新精神和能力。教师在教学的过程中应该多鼓励学生敢于提问，敢于质疑，引导学生积极思考，不断拓展学生的思维能力，引导学生大胆创新、敢于质疑。

（4）优化教学评价体系

我国高校目前的教学评价体系，比较注重甄别和选拔功能，多以分数定成败、分优劣，这种评价体系严重限制和制约了学生的创造力。所以，在课程考核评价方面，要加强试题库建设，大力推行教考分离。要坚决打破一种形式的评定方式，根据不同课程内容构建多层次、多维度、多样化的评价体系，即一门课的成绩由多次不同的考核结果组成，并注重能力素质的评价考核，把形成性评价（上机学习情况、课堂表现、完成作业质量情况、课程论文、参加主持活动、出勤情况和平时检测情况等）与终结性评价（期中、期末考试）结合起来，通常形成性评价的分值占总成绩的30%~40%，终结性评价分值占总成绩的60%~70%，力图把学生的注意力从应试水平转移到语言实践运用能力和创新能力的培养上来。

在塑造学生行为习惯的过程中，教学评价是不可或缺的。在教学中，教学评价起着至关重要的作用，教学评价的目的是提高教学水平，促进学生全面发展，所以，教学评价影响创新能力和意识的培养。多样化的教学评价可以提升学生的学习积极性和主动性，可以有效评价学生的学习情况，全面提升学生的各项能力，还可以关注学生的价值观和情感态度。总之，教学评价可以分为形成性评价及终结性评价。大学英语教学评价应该依据教学内容和实际情况运用多样化的评价方式，不仅对学生的知识掌握情况进行考核，还对学生的语言交际能力进行测试，综合运用各种考核形式，将考查和考试融合在一起，另外，还应该增加形成性评价的比重。多样化的评价体系可以更加公正、客观地评定学生的成绩，进而促进创新型人才的培养和发展。

### 3. 积极搭建交流平台并进行合作办学

积极搭建交流平台，促进合作办学，加强高校、企业、科研机构之间的合作办学。近年来，为了提高办学质量和办学实力以及扩大办学规模，我国一部分高校实现了跨越式发展，和社会各方加强合作办学，不断增强自身竞争力和办学质量。有的学校将合作办学当作提升自身等级和增强竞争力的必要途径。这种形式也逐渐变成发展潮流。

（1）国内各高校相互合作办学

这种办学模式本着共享资源、协调发展、互惠互利的合作办学精神，在国内可以和不同地区的多个高校共同合作办学，让教学资源共享达到最大化。

在上海，有10所高校合作办学、互认学分，其中包含复旦大学、同济大学、上海外国语大学以及上海财经大学等10所高校。10所高校相互协定，只要在这10所高校中的任意一所高校取得选修、辅修专业课程的合格成绩，就可以获得学校颁发的专业证书。

（2）高校和科研机构及企业合作办学

高校可以依据特色经济圈推行合作办学模式，即"学校＋科研机构＋公司"的合作模式，高校和合作企业、科研机构以"订单"办学的模式或战略合作的模式积极探索，实现就业一体化的目标。另外，订单式办学模式应该从实际出发，根据用人单位的需求培养专业人才，合作企业和科研机构也以预定的方式从学校挖掘专业外语人才。与此同时，不能把这种人才培养模式简单地看作科研机构和合作企业委托学校培养专业外语人才，高校应该针对科研机构和合作企业的行业背景、组织结构以及发展战略等培养专业对口人才。此外，高校也可以和合作单位共建指导委员会，一起制订合理的教学计划，由此促进课程改革、产学合作和专业建设等。为了提高办学质量，高校可以和合作企业通力协作，聘请科研机构和相关企业的管理层、技术人员深入教学，确保高校的实践课堂有效开展，并促进学校和企业高新技术的共同发展。

**4. 建成具有创新型知识的教师队伍**

要提高教师综合素质，建成具有创新型知识的教师队伍。培养创新型人才的一个重要条件，是要具备一支有创新型知识的教师队伍。教师创新能力对学生创新能力生成、发展起着至关重要的作用，因为学生创新素质的生成发展具有极大潜在的可能性，教师的创新工作、教育观、知识结构、个性特征等每一项特质都可能挖掘这种潜能，促使其向现实性转化发展。所以，高校在加强创新型教师队伍建设工作时，需要注意以下方面：

第一，了解现任教师知识架构、创新素质、创新能力是否符合培养创新型人才要求（对教师综合素质进行考核评估），做到量才使用。

第二，加大派遣骨干教师赴国外进修或参加研究项目的力度，拓宽视野、丰富教学阅历，为引进国外先进的教育理念、科学的教学方法和优质的教育资源作铺垫。

第三，在政策资金上要支持在职教师攻读更高级别的学位来更新知识、提高层次。

第四，增强教师科研意识，提高科研水平和能力，引导教师反思自己知识结构的欠缺，这方面对新教师尤为重要。在科研经费和时间上要支持教师多参加国内、国际学术会议，以进一步促进教学创新的发展。

创新的重点在人才培养和人才发展，而人才培养的重点是学校教育，学校教育的重点是培养素质高的学生。为了实现这个目标，学校必须组建一支专业素质高、创新意识强的教师队伍。当教师的创造能力达到一定水平之后，才能承担起培养专业人才的重任。所以，创新型教师需要具备的能力包括：充分吸收最前沿的教研成果，将教研成果付诸教学实践。此外，教师应该具备个人的独到见解，运用高效的教学方式教授专业知识和技能。对培养学生创新精神和能力尤为重要的是教师创新素质的高低，所以，教师应该不断完善自身的知识架构，提升教研能力和教学能力，不断更新教育教学理念，只有这样才能培养出自主学习能力强、综合运用能力强的创新型人才。

创新教育是教育教学共同追求的目标，创新教育注重教学的时效性。值得一提的是，培养创新型人才建立在培养基础能力和传授基础知识上，培养英语专业人才亦是如此，必须依托于各种语言技能，比如听、说、读、写等。创新教育还应该基于系统知识的积累，只有基础知识足够扎实，才能更好地创新和发展。

当今是一个经济全球化时代，社会和市场对英语人才的需求呼吁英语专业对课程设置进行改革。为了使学生更受社会的欢迎，也顺应时代的发展，学校应主动摒弃过去单一的英语人才培养模式，而转向培养创新型的英语人才，在社会的进步中不断改革和创新。

## 第三节　商务英语人才培养的实现途径

随着时代的发展，国际交往愈发密切，而语言在国际商务活动中也发挥着越来越重要的作用。为了更好地培养学生主动利用英语的积极性，我国专门开设了商务英语教学，这样不仅可以使学生在日常交际活动中学会使用英语，还可以在国际商务交流中流畅地使用英语。在商务交流中，会面对形形色色的商人，他们来自不同的国家、不同的地区又或者是不同的民族。当与不同国家和地区的商人进行商务会谈时，尤其是涉及价格谈判、合同履行谈判等，商务人员之间的交流就显得尤其重要，需要不断地进行沟通交流，而其中的语言文化差异也会逐渐显露出来。

因此，在商务英语教学中，要贯彻"学知识、学做事、学做人"的教学理念，"学知识"就是教育学生学习基础的英语理论知识，这也是"学做事"和"学做人"的基础。当然，应学会将理论与实践相结合。商务英语专业旨在培养合格的跨文化交际人才，为此，应注意以下几方面：

第一，重点培养学生的国际交际能力。为培养学生的跨文化交际能力，应为学生创造良好的语言文化环境和交流氛围，使学生可以与英语本族语运用者自由沟通交流，这样可以使学生更深入地了解异域风土人情等。为此，教师应在教学过程中鼓励学生积极与外籍学生或者外籍教师接触、交流、学习。同时，学校要尽可能为学生提供实习实训项目，让其走出校园，以此达到东西方文化的碰撞交流，提高学生的合作意识、交际能力、语言表达能力等，增强学生的跨文化交际能力。

第二，适应时代发展，更新课程安排设置。当前，我国高校的商务英语专业虽开设了知识性文化介绍的相关课程，但这些课程并不能很好地提高学生的跨文化交际敏感性、熟练性以及领悟能力。为此，可增设社会语言学等课程，以更好地引导学生了解英语教学的相关知识。同时，可以创新式地用英语来讲授中国传统文化课程。这样不仅可以帮助学生对传统文化知识有更加透彻的了解，还可以提高跨文化交际能力。

第三，增强英语思维能力的训练。许多之前没有进行过英语思维能力训练的学生都会陷入一个误区，仅仅是将听到的东西简单直接地翻译成自己的母语，储存在大脑里，在需要表达时，将自己想说的话，下意识地寻找母语的表达方式，再翻译成英语叙述出来。而这样表达出的语言不可能是地道的，不符合英语的语言表达习惯。因此，应通过情景教学、交际教学等教学模式，将学生带入以"英语文化背景"为主的情景中，让学生学会使用英语来进行思考，提高英语的思维能力。这些都是能够提高学生运用英语表达思维能力的重要教学方式和手段。

# 第五章 英语专业复合型人才培养

在新时代背景下,高校英语要主动适应信息时代带来的机遇与挑战,更新教学内容与模式,完善课程信息化教学资源体系,突出"复合型"人才培养。本章重点探讨英语专业复合型人才培养目标与层次定位、英语复合型专业人才培养的策略、新文科建设背景下的英语专业复合型人才培养、应用型本科院校英语专业复合型人才培养模式。

## 第一节 英语专业复合型人才培养目标与层次定位

对于英语专业复合型人才培养的目标定位,应考虑到英语专业的工具性、人文性、专业性和学科性,同时结合英语专业教学实践的具体情况,我们可以将英语专业人才培养目标的内涵分为五个层次:一是扎实的英语语言基础(语言能力);二是相关的文化知识和跨文化交际能力(交际能力);三是跨学科的专业知识(专业能力);四是对语言文学或国别文学的问题研究(研究能力);五是人文素质的全面提高(人格培养)。

关于英语专业复合型人才培养目标与层次定位具体见表5-1[①]。

表5-1 英语专业复合型人才培养目标与层次定位

| 层次名称 | 培养的相关技能 | 层次的要求和内容 | 学科性质 | 建议开设的学校 | 建议开设的年级 |
|---|---|---|---|---|---|
| 第一层次:英语语言基础 | 语言能力 | 英语语言知识和语言运用技能 | 工具性 | 所有设立英语专业的高校 | 贯穿专业学习始终,与交际能力培养相结合 |

---

① 周洵瑛,范谊. 英语专业复合型人才培养目标内涵与层次定位[J]. 外语界,2010(4):40.

续表

| 层次名称 | 培养的相关技能 | 层次的要求和内容 | 学科性质 | 建议开设的学校 | 建议开设的年级 |
| --- | --- | --- | --- | --- | --- |
| 第二层次：相关的文化知识和跨文化交际能力 | 交际能力 | 中国以及英语国家的历史、社会、政治、经济、科技、文化等方面的基础知识和跨文化交际能力 | 学科性 | 所有设立英语专业的高校 | 贯穿专业学习始终，与语言能力培养相结合 |
| 第三层次：跨学科专业知识 | 专业能力 | 学生根据自身兴趣和毕业后可能从事职业的方向而学习的基础知识 | 跨学科性 | 专科性高校和有条件的综合性大学 | 低年级可选修中文讲授的专业课程，高年级选修英语讲授的专业课程 |
| 第四层次：对语言文化或国别文化的问题研究 | 研究能力 | 英语语言研究、英语文学研究、英语文化研究、跨文化交流研究、英语语言教育研究、语言转换研究、用英语撰写研究论文的能力 | 专业性 | 外语类院校和综合性大学 | 主要在研究生阶段开设，部分生源质量好的高校可在本科阶段开设 |
| 第五层次：人文素质的全面提高 | 人格培养 | 较高的人文修养和道德情操，将英语作为思辨媒介，拓展思维方式，培养创新能力 | 人文性 | 所有设立英语专业的高校 | 贯穿专业学习始终 |

# 第二节　英语专业复合型人才培养的策略

在进行英语专业复合型人才的培养时，一定要注重发挥其整体效应，充分体现出协同性，使不同教学要素、不同教学环节之间形成合力，只有这样做，才能对人才培养的质量进行有效提高，主要可以通过以下三方面来解决：

第一，在进行课程设置时要以专业培养目标为基本导向，保证其系统性。作为一种跨专业、学科的教育过程，在制定复合型人才培养目标时，应当以其在知识、能力和观念方面的现实需求为依据，设计课程群时应当相对完整，以保证学科的系统性；要使各课程群和课程之间能够做到相互配合，形成一个比较完备的课程体系；要在课程协调机制和课程群负责人机制等的帮助和保障下尽可能保证课程的系统性。

第二，将复合型人才培养的各方面要素和各个环节打通整合。培养复合型人才，既要通过对系统的理论知识进行解析和传授，帮助学生建立起完整合理的知识结构，同时也要进行相关的实验和实训课程，对学生的动手能力进行培养。此外，还要与社会实际相结合，让学生走出校园，走进社会，及时进行一些有效的社会实践活动，对学生的综合素质进行提升强化。计算机模拟实践教学的进行，让学生能够直接参与跨专业、学科的研究组织，进行专业性社会调研和课题研究、专业论文撰写等，这可以让学生将所学的知识和自身能力进行有效融合，最终让学生形成新的知识体系和综合能力。

第三，在复合型专业人才培养目标的正确引领下，对教师队伍进行改造和重塑。在教师队伍的优化上，要以复合型人才培养的目标作为指导，让教师在学科及专业立足点上进行转化，最终找到一个新旧专业间的结合点。有很多方法可以优化教师的理论和实践，包括自修、访学、培训、参与实践等。

## 第三节　新文科建设背景下的英语专业复合型人才培养

"新文科建设背景下，培养适应社会变化的复合型文科人才已成为促进文科创新发展的必然要求。而英语作为传统的基础学科，单一语言输出式人才培养已不符合时代发展，因为新文科建设更加提倡在'英语+其他专业'的培养模式下对学生的跨学科思维、批判性思维、逻辑性思维、创新性思维进行培养。现阶段，改革人才培养策略，完善人才培养模式是顺应新文科建设、提升高校复合型和应用型人才培养标准的重要举措，是高校服务社会的重要保证。"[①]

"新文科"主要是为了加强传统文科与其他学科之间的交流，意在提高人才培养的综合性，最终借助学科交叉提高教育质量。新文科建设背景下的

---

① 黄颖，华赢. 新文科建设背景下英语专业复合型人才培养探究[J]. 西部素质教育，2022，8（13）：90.

英语专业复合型人才培养需要注意以下几个方面：

## 一、强化师资队伍建设

教学质量的好坏与师资力量有着直接的关系。在当代社会，良好的综合素质是每一位教师的必备条件，教师只有具备良好的综合素质，才能更好地投入当代教育活动中。所以，在当代教育文化背景下，具有良好综合素质的师资队伍为培养高水平英语专业人才提供了有力的保障。

首先，聚集全国优秀教师，提升教师综合素质，促使教师教学水平不断提高。英语教师不仅要培养学生走向国际化，也要在教学过程中抓住英语专业工具性和人文性的特点进行教学，将中华民族特色与国际化特色结合在一起，达到最优效果。高校着重培养优秀教师，实行"导师制"，即导师针对性地辅导学生，并且带领新手教师更快进入教学状态，使新手教师快速成长，具备良好的综合素质。除此之外，高校通过举办教师交流大会，以短促长，使教师具备创新与合作精神。高校聘请国外的高水平教师，提升学校英语专业综合能力，在英语专业方面培养大量的复合型人才，这一举措使优秀的师资队伍更加庞大。

其次，注重建设"双师型"教师队伍，提升"双师型"教师质量，在教育实践中培养复合型人才。根据社会发展的需要，英语专业教师需不断提升自身的专业能力，完善课程考核评价制度。在教育教学过程中，教师应丰富教材内容，增添教学实践活动，转变教学方式，培养学生的创新能力，为英语专业的学生打造国际化的舞台。也就是说，教师通过以往的经验，为社会输送创新型的英语专业人才。

## 二、优化人才培养方案

人才培养方案对高校教学具有重要的影响，对高校教学质量的评价有重大意义，所以在当代社会文化背景下，高校想要培养英语专业复合型人才需重视人才培养方案的实施。教师在教学过程中应做到因材施教，充分发挥学生的特长，提升学生的专业能力，使其更好地适应社会发展。立足当前，尤其是处于新文科建设的背景下，可以通过三个方面优化英语专业复合型人才的培养方案：

第一，优化人才培养方案要坚持以教育为本，立德树人。想要学好英语专业，要做到课程价值引领、课程思政改革、文化元素整合三者的有机结合，教师将课程中有意义的教育资源整合起来，传达一定的思政育人理念，在英语课堂教学中体现出来，培养学生的综合能力，提升学生的综合素质。通过思政课程对学生产生潜移默化的影响，为培养优秀的英语专业复合型人才提供良好的思想政治基础。

第二，优化人才培养方案需要确定人才培养目标。英语是一门特殊的专业，面向国外，为国家对外发展提供人才储备，大量输出英语专业复合型人才。在培养人才的同时要对基层发展有所了解，顺应时代潮流，促进社会发展。此外，优化人才培养方案离不开专家、学者的指导，为了使英语专业的学生毕业后顺利进入企业，专家、学者需要对毕业生进行基本能力测试并提出具体的要求。

第三，优化人才培养方案需要创建相应的课程群，建立新型课程标准，培养跨学科、跨专业、跨技术的优秀人才。作为一门涉外专业，英语应保持专业属性，在此基础上将新文科理念加以合并，构成专业发展所需要的课程群。将"英语+专业""通识+非通识""互联网+"融合，促使新时代背景下的复合课程体制逐渐完善。新文科英语专业的学生也将掌握一定的文科知识，预示着专业人才应具有更加完备的知识体系以及更加优秀的专业素养。

### 三、打造产教融合平台

产教融合不仅能够提高教学质量，也能促进学生的就业，在人才供给侧结构改革中发挥重要作用。根据目前的状况来看，为了更好地打造产教融合平台，需要做到整合资源和加强校企合作。当前处于新文科建设背景下，更要注重创新精神与实践能力，大胆地突破传统，培养跨学科和跨专业的优秀人才。为了打造产教融合的全新平台，可以从以下两个方面入手：

首先，培养跨学科、跨专业、跨企业和跨行业的优秀人才。英语专业要走创新之路，开启多种语言教育模式，在社会中深入调查，对岗位需求充分了解，并且建立新型人才培养体系。只有坚持可持续发展的人才培养新机制，才能使学生的语言能力和实践能力得到充分发展，才能将英语职业能力素养和岗位需求结合。这种人才培养机制也是校企合作、产教融合发展的有效渠道，为培养优秀的复合型人才奠定了重要的基础。

其次，增加校企合作的业务，创新产教融合体制。目前，产教融合的目的不仅是为企业培养人才，更是用新型的多元化模式为企业培养更多优秀的英语专业复合型人才。产教融合使高校英语专业的教学资源在教育机构中得到深度开发。此外，产教融合通过利用合作企业培养优秀教师、创新文化体制、建设科研平台等，在产教融合的过程中，学者将资源共享，并在第一时间获取知识的反馈，使合作企业顺应当代社会的发展趋势，第一时间更新课堂教学资源，提供典型的企业案例促进英语教学，帮助英语教师了解英语专业的发展趋势和发展动向，使产教融合充分发挥积极作用，促进社会的进步。

### 四、整合国际交流资源

在国际合作育人方面，我国致力于打造国际课程平台，乐于向世界分享中华优秀传统文化和价值观念，在全球教育逐步融合的基础上分享中国经验，贡献中国力量。因此，整合国际交流优质资源，在一定程度上也有助于英语专业复合型人才的培养。

第一，加强与国外高校的交流，进行国际联合培养，以提升复合型人才的国际化水平。大学可加强国际课程建设，邀请国内外知名专家、学者到校访学授课，让英语专业的学生不出校门即可领略最直观的国际化交流环境，体验优秀的国际化课程和教育，开阔国际视野，提升英语应用实践能力。

第二，深化国际合作育人，将国际化发展和对接程度作为专业建设新标准。通过国际交流与合作，英语专业的学生可同步享受国外高校的优质师资，且教师也可以了解国际一流大学先进的教学理念，取其精华，互通有无。同时，可以建立"跨国界、跨院校、跨语种"的线上专业学习共同体、线上教研共同体也是英语专业助力教师教学基本能力提升的重要途径。

总而言之，在新文科建设背景下，外语教育也在改革发展道路上迈出了新的一步。英语作为基础学科，传统的单一语言输出式人才培养模式已不符合时代发展，而新文科建设更加提倡在"英语+其他专业"的培养模式下扩展教学的内容，培养学生的创造性思维和逻辑性思维。培养复合型英语人才对提升国家国际竞争力有重要意义。改革英语人才培养模式是推动外语教学改革创新发展、培养英语专业复合型人才的重要举措，故在新文科建设背景下培养英语专业复合型人才势在必行，如此才能促进文科教育高质量发展，推动新文科建设走深走实、行稳致远。

## 第四节　应用型本科院校英语专业
## 复合型人才培养模式

传统的、单一的教育模式培养出来的以纯语言文学研究为主的人才，由于知识面狭窄而难以适应社会对英语人才具有跨行业知识与业务能力的要求。因此，面对社会对专业型、实用型英语人才日益增长的需求，培养应用型、复合型英语人才不仅为应用型本科院校英语专业发展明确了方向，也为其专业特色建设提供了平台。

### 一、打造双师型师资队伍

在应用型本科院校中，大多数专业教师都具有较高的学历，但是教师的专业以语言学和文学类居多，因此，这在一定程度上无法满足当前英语专业复合型人才的培养需要。在这样的实际情况下，学校、院系和各专业应制定相应的教职工进修学习管理办法，积极鼓励教师尤其是中青年教师不断学习进修，跨专业深造，要为这一部分教师创造良好的进修条件，为他们的学习和实践活动提供良好的平台，同时在政策上也要有所保障；还可以邀请企事业单位为专业教师举办讲座，让教师能够更多地接触并了解行业发展的总趋势，以及市场人才需求动态。除此之外，还应为教师提供校外学习机会，可选派专业教师参加国内外学术会议或参加培训。总之，要通过多方面手段来解决复合型师资的培养问题，有效提升教师的教学水平。

值得一提的是，引进优秀的、实践经验丰富的双师型高级人才和专业带头人，组建双师型教学团队，也可以为复合型师资队伍的快速成长及持续发展带来巨大的动力。要以各专业的具体方向和特点为依据，以建设复合型课程为基础，重组或重建课程组，将其建设成为基层教学实体单位，从而推动对教学内容、教学方法的研究、讨论、交流和改革，有效促进双师型教师教学水平和教学质量的提升。

### 二、加大复合型教材研发力度

教材是教学中至关重要的，使用高质量的教材是教学质量过硬的重要保证。因此，要严格制定复合型教材的选用标准，同时不断加大复合型教材的研发力度。复合型教材研发是复合型教学发展的基础，因此必须制定科学、合理、严格的教材选用和评估制度。可使用国家规划教材、省部级优秀教材、全国外语专业教学指导委员会推荐的优秀教材，除此之外，还可以选用对专业复合型人才特色培养具有积极意义的优秀教材。还应跟踪、调查、反馈教材的使用情况，留意新教材的出版动态，不断更新教材。由于中文版教材在一定程度上会对学生的跨专业拓展起到限制作用，因此，要尽量选用英文原版教材或者双语教材。

在多元化人才培养方案的指导下，专业教师应积极开展教材的规划与研发，学校应鼓励教师对内、对外积极合作，编写高水平的教材、开发实用的教学软件，不断为课堂实践补充具有时代性、思想性和趣味性的内容。

### 三、推进复合型精品课程建设

应用型本科院校应根据自身的资源优势和教学特色在课程上进行调整和改革，以培养出适应当地经济发展的优质复合型英语人才。跨专业课程是指相关专业知识课程，即与英语专业有关的其他专业，如经贸、法律、管理、新闻、科技、文化等方面的知识课程。跨专业复合型课程的开设是培养复合型英语人才的关键。专业应建立以应用型人才培养为主，兼顾学生多层次发展需要的特色方向课程模块体系。结合社会及学生自身发展需要，将专业划分为若干个专业发展方向，如语言文化、商务英语、旅游英语、法律英语、英语翻译等。每个方向的课程组可考虑由4～5门相关课程组成。如商务英语方向可考虑设置商务跨文化交际、商务英语、市场营销、国际贸易实务等课程。为确保不同方向的学生最大限度地拓展自己的相关专业知识面，也可考虑同时设立部分选修课程，如外贸函电、国际商法等。此外，应组建复合型精品课程团队，加强复合型精品课程建设，积极推进校级精品课程、重点课程的建设，努力培植省级精品课程，以精品课程建设带动复合型课程建设。

### 四、采用多元化教学方法

复合型英语人才培养要做到对学生进行包括知识、能力、素质等方面在内的综合培养，这就要求教学方法的使用要与培养目标相适应。英语专业复合型课程教学既要注重学生的理论知识，也要注重实际应用能力，既要重视学生的学习效率，又要拓展学生的视野。因此，复合型课程的教师要不断改革教学方式方法，以英语教学的客观规律为基础，结合相关专业的优秀教学方法，努力做到用"以学生为中心，以教师为主导"的教学理念指导教学工作。在教学实践中，可以充分利用多媒体、网络化教学方法，引导学生积极思考和讨论，辅助以有针对性的点评。根据课程的不同属性选择灵活多样的教学方法，坚持做到理论与实践相结合，可以通过案例进行教学，从而加深学生对概念、术语等的理解和记忆。要激发学生的学习热情与创造精神，调动学生的主动性与积极性，重视对学生独立学习和分析、解决问题能力的培养。改革传统教学中全、细、透的教学方式，转变为精选、精讲、精练的教学模式。除此之外，教师应对教学法进行深入研究，实行"三备"（备教材、备教法、备学生）制度，还要对学生和具体课程进行深入探究，从而做到具体问题具体分析，因材施教。

总之，应用型本科院校英语专业复合型人才培养的改革与建设是一项具有复杂性、系统性的庞大工程，涉及人才培养的方方面面，包括目标定位、课程体系建设、具体课程设置、师资队伍建设、教材和教学方法等。应用型本科院校的办学定位必须坚持因地制宜的原则，要树立长远发展、内容科学的意识，要坚持走具有鲜明行业特色的复合型人才培养之路。

# 第六章　基于课程思政的英语专业人才培养

在课程思政理念的驱动下,新时代英语专业课教学与思想政治教育融合的改革迫在眉睫。鉴于此,本章重点探讨课程思政的教学体系与实施、课程思政融入英语专业的重要性、基于课程思政的英语跨文化交际人才培养、基于课程思政的英语专业人才培养策略。

## 第一节　课程思政的教学体系与实施

### 一、课程思政的教学体系

#### (一)课程思政的教学目标

课程思政的教育理念也是一种体现连续性、系统性的课程观,它不拘泥于各科专业知识的学习,而是通过将思政教育的目标融会于各科的教学当中,使各门课程都能参与学校育人的过程,形成一个完整的课程育人体系。课程思政的育人目标是要培养德智体美劳全面发展的接班人,努力为国家培养更多有担当的时代新人,以课程思政的全面质量提升带动"三全育人"(全员育人、全程育人、全方位育人)工作,以育人质量的全面提升带动学校"双一流"建设。具体而言,课程思政工作主要从以下方面努力:

1. 增强学生的品德修养

立德树人是中国教育的根本使命,培养品德修养高尚的人才是学校教育教学的中心任务。各门课程教育教学的任务之一,就是要积极引导学生理解加强品德修养的必要性，踏踏实实修好品德，成为有大爱、大德、大情怀的人。

思政理论课的教育教学内容设计要重在阐释品德修养的内涵，理解加强品德修养的重要意义，把真善美作为终身的品德追求；结合时代的要求，教育学生把握当代品德修养的核心内容，特别是把社会主义核心价值观作为当前学生品德修养最重要的任务目标，围绕国家、社会、个人三个层面进行解读和分析，引导学生积极培育、大力践行。

综合素养课的教育教学内容设计要从国家道德、社会公德、职业道德、个人道德等视角对社会主义核心价值观进行细化，寻找社会主义核心价值观的历史溯源，分析其在伦理、法治、文化等不同领域的表现形态，引导学生科学辨识社会主义核心价值观与西方价值观的异同，对社会主义核心价值体系形成更为全面的了解。

专业课的教育教学内容设计要不拘一格，要围绕专业特性，挖掘专业课与社会主义核心价值观的结合点，在培养方案中对"德、能"等方面做出明确的规定，形成有效的指导方案。例如，"大学英语"的教学，可在精读短文中，选取分别讲述"勇气、诚信、善良、公平、法治、文明、爱国、敬业"等主题的素材，让学生在掌握专业知识的同时，深刻领会社会主义核心价值观的要旨，不断提升修养。

### 2. 提升学生的知识见识

新时代的竞争是人才的竞争，人才竞争力的核心之一就是见识与才智的较量。学校各门课程教育教学的任务之一，就是要教育引导学生珍惜学习时光，心无旁骛求知问学，增长见识，丰富学识，沿着求真理、悟道理、明事理的方向前进。

思政理论课的教育教学内容设计要以让学生形成"四个正确认识"为主要任务，重在教育引导学生正确认识世界和中国发展大势、正确认识中国特色和国际比较、正确认识时代责任和历史使命、正确认识远大抱负和脚踏实地，将中国情怀和时代特征、世界眼光统一起来，客观看待当代中国和外部世界的关系，让学生知晓个人知识见识的增长对国家和社会的重要作用，增强提升知识见识的自觉性与自主性。

综合素养课的教育教学内容设计要以拓展学生见识为主要任务，整合全校教学资源，开设尽可能多、可供自由选择的不同门类综合素养课程，大力拓展学生的知识面，主动加强不同学科间的协同与交叉，让理工科学生增加人文社科知识、让人文社科学生接触理工知识，力争实现文理交融、文理交叉；增加实践教学环节，拓宽学生视野，让学生在实践中提升运用知识的能力。

专业教育课的教育教学内容设计要以增长学生知识为主要任务，发挥教学名师的育人效应，鼓励更多的大师走进一线课堂，让学生接触最前沿的专业知识；充分调动教师的教学积极性，通过培训提升课堂教学水平与效果，激发学生的求知欲，教育学生扎实掌握专业知识。

### 3. 提高学生综合素养

培养德智体美劳全面发展的人才，引导学生培养综合能力、培养创新思维，是中国教育的重大使命，也是学校各门课程教育教学的根本任务。思政理论课的教育教学内容设计要重在培养"德"，教育引导学生正确认识国家公德与个人私德的异同，科学处理个人利益与集体利益、国家利益之间的关系，把国家的需要、人民的需要作为最崇高的"德"，树立远大理想信念和正确的"三观"（世界观、人生观、价值观）。

综合素养课的教育教学内容设计要重在培养"体美劳"，通过体育、竞赛等课程内容设计，教育引导学生树立健康第一的理念，增强体质、健全人格、锤炼意志；通过音乐、美术、文化、品鉴等课程内容设计，坚持以美育人、以文化人，提高学生审美和人文素养；通过社会实践、志愿服务、生产实习等课程内容设计，在学生中弘扬劳动精神，教育引导学生崇尚劳动、尊重劳动。

专业教育课的教育教学内容设计要重在增长"智"，一方面是要抓好课堂知识传授，把基础知识与前沿知识结合起来，让学生习得一身知识、练就一身本领，"知其然，并知其所以然"；另一方面是抓好知识的应用，把知识传授与解决问题、书本知识与实践结合起来，让学生成为"理论知识高、动手能力强、综合素养好"的高端人才。

## （二）课程思政的教学原则

思政教育要想取得较好的实效，就必须分析规律、把握规律、尊重规律。作为全面提升思政工作质量的一项重要举措，课程思政也需要把对规律的尊重、对原则的坚持放在重要的位置。因此，在课程思政的推进过程中，应该结合实际情况，科学把握工作原则，切实提升工作开展的质量和水平。

### 1. 顶层设计与试点培育结合的原则

课程思政工作的推进，一方面既要加强学校顶层设计，统筹谋划课程思政教学改革任务和路径措施；另一方面又要发挥改革试点的示范带动作用，分步骤、分阶段有序推进，充分发挥校院两级和全体教师的积极性、主动性、创造性，形成课程思政的良好机制和氛围。

课程思政理念的提出与践行，有助于强化每位教师的德育意识和育人责任，能充分挖掘所有课程的思政教育资源和育人功能，有效弥补了思政理论课教师单兵突进、传统思政工作队伍单线能力的不足，初步实现了从专人思政转向全员育人的转变。

### 2. 知识传授与价值引领结合的原则

在知识传授的同时，深入挖掘各类课程的思政理论教育资源，发挥所有教师在知识传授中的价值引领功能。推进教育综合改革，深入理解课程思政的深刻内涵和创新途径，使所有课程都具备价值塑造、能力培养、知识传授"三位一体"的课程思政教学目标。既要凸显思政理论课程显性的思政教育功能，又要强化综合素养课、专业课隐性的思政教育作用。

深入挖掘各门课程蕴含的思政教育资源，强调所有任课教师在课堂教育教学中的价值引领责任，以"立德树人"为根本，寓价值引领于知识传授中，在价值传播中凝聚知识底蕴，真正做到将思政教育融入学校课程教育的全过程，使各类课程与思政理论课同向同行，形成协同效应。

### 3. 改革创新与遵循规律结合的原则

课程思政必须结合教育目标、教育环境以及教育实况，与时俱进地推进自身的改革，这是学校思政教育长期发展的客观规律。在推动课程思政改革创新中，要坚持政治性和学理性相统一、坚持价值性和知识性相统一、坚持建设性和批判性相统一、坚持理论性和实践性相统一、坚持统一性和多样性相统一、坚持主导性和主体性相统一、坚持灌输性和启发性相统一、坚持显性教育和隐性教育相统一。既要解放思想、勇于改革、大胆创新、先行先试，又要遵循思政工作规律、遵循教书育人规律、遵循学生成长规律，搞好统筹谋划、精心设计，不断积累经验，确保课程思政教育教学改革沿着正确的方向健康推进，不断取得扎实成效。

深化学校思政理论课教学改革，确定教材、教学和教师三个关键因素，创新课堂教学内容和形式，充分发挥网络的作用，通过与社会实践有机融合，密切关注学生成长问题，卓有成效地提高课堂吸引力。从提升思政教育的实效性上来说，课程思政的稳步持续推进是突破学校思政工作育人瓶颈的一种极其重要的方式。

#### 4. 教师引领与学生参与结合的原则

在课程思政教学改革过程中,教师要以德立学、以德施教,加强政治引领和思想教育。实施教师德育意识和德育能力提升计划,将其纳入教师培训体系中,通过举办专题专项德育培训,扎实推进;完善教师教学激励机制,对专业课程的育人功能和任课教师的德育实效进行绩效评价,纳入教师综合考核体系中,作为重要参考项。梳理优秀典型,加大宣传力度,积极回应社会关注。同时要契合学生成长发展需求和期待,尊重学生的主体地位,提高学生的参与度,增强课程思政工作的亲和力、针对性和实效性。

### (三)课程思政的教学重点

#### 1. 强化课程思政理论攻关

理论研究的过程,就是发现问题、筛选问题、研究问题、解决问题的过程。只有具有鲜明的问题意识、突出的问题指向、科学的解题方法,才能守正出新、不断超越、不断完善。课程思政是一个新理念,是一个新事物,要想确保课程思政推进的效果,就需要持续加强对课程思政相关问题的深入研究。加强课程思政的理论研究和规律思考,能够更好地解释此项工作推出的背景依据,增加公信力;能够更科学地预判关键环节和发展趋势,更具前瞻性;能够更有效地指导工作实践,更具指导性。

第一,深入研究"三全育人"理念的落地机制:一方面,需要及时转变理念。要将课程思政工作与"三全育人"理念有机统一起来,树立学校"大思政"思维,从教育教学的全局、立德树人的大局通盘考虑。另一方面,要在体制机制上创新突破。从育人目标着手,把教学资源、培养方案、内容方式、考核评价、配套保障等结合起来,顺利实现从思政课程向课程思政的转变,最终形成教育合力。

第二,深入研究形成科学有效的教学方式。在课程思政的教学实施中,要突出显性教育和隐性教育相融通,将价值引领蕴含在知识传授和能力培养中,注重在价值传播中凝聚知识底蕴、在能力培养中体现价值内涵。而要将课程思政理念落实到每门课的教育教学过程中,牢牢把握课堂教学的三要素——教师、学生和教学内容。通过设计有效的教学方式,让教师首先接受承担思政教育职责的理念,选取精准的教学内容,让学生在求知中潜移默化地接受价值观的引领。只有将社会主义核心价值观巧妙融入课程教学，充分发挥课堂主渠道作用，才能真正做到立德树人、教书育人。

### 2. 深化课程思政内涵

推进课程思政工作，需要清晰把握课程思政的内涵，不断拓展原有工作的边界，对课程思政的理论内涵、学理探究、模式探寻、成效考评等进行深化研究。

第一，深化对课程思政理论基础的研究，巩固相关理论基础，并在实践层面加强探索，让相关理论在课程思政建设中得到充分的体现和坚决贯彻，确保课程思政工作的科学性和持续性。

第二，对课程思政工作的内在规律加强研究，从学理上进行总结、提升和深化。例如，课程思政的理论基石是怎样的，课程思政的工作主体有哪些，思政理论课、综合素养课与专业课结合的内在逻辑在哪里，怎样的模式才是更为有效的，如何才能有效地将思政教育与各门课的教育教学结合起来，这些问题都亟待更为深入的思考。只有厘清以上关键问题，才能对课程思政形成学理性、科学性的认识，也才能使课程思政创新走向常态化、形成规律性。

第三，积极探索课程思政的有效推广模式。在课程思政工作取得现有成果的基础上，我们要注重提炼总结，努力形成一套能够在全国范围内复制和推广、带有较强指导性的课程思政工作模式。从实践工作情况看，目前各学校的课程思政建设多以专题形式进行，主题相对较为单一，内容同质性较高。尽管各学校通过不断深化主题创新了很多形式，但内在的运行机制始终没有突破。只有厘清课程思政工作各主体的内在联系，构建有效的联动协同机制，总结工作推进中的运行规律，才能将课程思政工作有效推广开来。

第四，探索不同课程在课程思政建设中的功能定位与育人协同机制。目前，各学校开设了较多的综合素养课，内容涵盖人文、社会、经济、文化等诸多方面，但思政教育资源和元素仍有待进一步丰富。同时加强对专业课的思政教育资源的挖掘，其也是课程思政建设的重要内容和必要支撑。例如，要弘扬劳模精神和工匠精神，在推进课程思政工作的过程中，应将对精神的挖掘与传统工科的相关专业课结合起来，从国家战略、家国情怀、理想信念等方面不断深入，提升教育教学质量，深化课程思政工作的内涵。

## 二、课程思政的教学实施

### （一）课程思政教育教学的体系

构建课程思政的教育课程机制如图 6-1 所示。

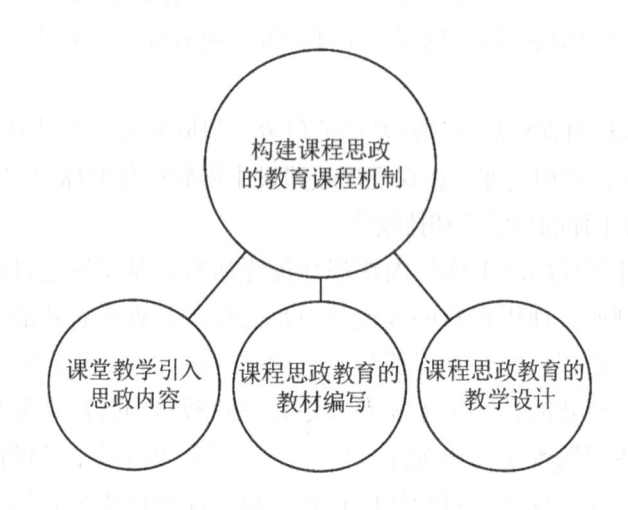

**图 6-1 构建课程思政的教育课程机制**

### 1. 课堂教学引入思政内容

课程思政工作是当前教育事业的一项重大战略部署，需要将这一理念全方位地融入学校思政工作中，为学校开展思政工作提供新的思路、构建新的路线图。打造思政理论课、综合素养课程、专业课"三位一体"的思政理论教育课程体系，突破传统思政理论课单向度育人理念，建构思政理论课、专业课和综合素养课协同的立体化育人模式，突出显性教育和隐性教育相融通，将价值引领蕴含在知识传授和能力培养中，注重在价值传播中凝聚知识底蕴、在能力培养中体现价值内涵，在一定程度上改善了学校思政"孤岛化"问题，进而创造性地将人文与科技相结合、将思政理论课与专业课相结合，提高了学校思政理论课的实效性。

因此，推进课程思政教育教学改革，要从战略高度构建以思政理论课为核心、综合素养课程为支撑、专业课为辐射的"三位一体"的思政教育课程体系，牢牢发挥课堂育人主渠道、主阵地的作用，将学校正确的意识形态责任制落实到一线课堂，教师思政工作从宏观抽象要求转化成具体微观的解决方案，找到实现学校"三全育人"的关键枢纽和有效抓手。

（1）思政理论课

在学校思政教育课程体系中，思政理论课是核心、根本、基石。思政理论课质量提升是核心环节，要注重发挥思政理论课在学生价值观教育中的引领作用，着力增强学校思政理论课的实效性。要以立德树人为中心环节，聚焦思政理论课教学重点、难点问题，推动教材体系向教学体系转化，共建共享思政理论课优质教学资源，加强思政理论课教师队伍建设，不断提升思政理论课教学的亲和力和针对性，切实增强学生在思政理论课上的获得感。

全面开展集体备课会，实现在所有课程、全体教师、教育教学全过程的全覆盖，使大学生坚定理想信念，加强学校思政工作，有利于大学生从"顶层设计"的高度了解国情、社情、民情。还要加强学院建设，为课程思政提供宝贵的资源库，进一步加强学科建设、师资队伍建设、课程建设、教育教学改革，打造一系列示范课程，推出一批公开教学观摩课，有利于大学生全面正确地理解党的路线、方针、政策，有利于大学生坚定信仰、增强社会责任感。

（2）专业课

专业课是学校根据培养目标所开设的讲授专业知识和培养专门技能的课程，目的是让学生掌握必要的专业基本理论、专业知识和专业技能，培养分析解决本专业范围内一般实际问题的能力。相比思政理论课，目前专业课教学中对知识传授更为偏重，德育意识和德育能力相对较弱。要想实现课程思政改革的整体目标，就要充分挖掘专业课的育人功能，深度发挥课堂主渠道的育人作用，在知识传授中强调主流价值引领，提炼专业课中蕴含的文化基因、价值范式以及德育元素，在专业技能知识学习中融入理想信念层面的精神指引。

要积极探究专业课的思政育人内涵和科学的体制机制。专业课的思政育人内涵主要是指在专业课理论知识讲授基础上，充分结合专业课自身特色和优势，提炼其蕴含的文化底蕴和价值范式，通过具体、生动和有效的课堂教学载体，将专业知识传授与价值引领结合起来，实现在知识传授中提升价值引领，在价值引领中牢固知识技能，从而达到培养学生运用基本原理分析具体社会问题的能力，教育学生如何做人、如何做事、如何成才的目的。

另外，要不断探求专业课践行课程思政理念的一般规律，总结专业课融入思政教育元素的方式方法，不断健全课程思政教育体系。专业课践行课程思政理念的关键是实现专业课教学与思政教育目标的精准对接，既不强加思政教育内容，又能将其润物无声地融入专业课教学的全过程。其中，找准专业课中的思政教育元素和资源尤为重要。以思政教育元素和资源为切入点，围绕课堂教学这一主线，从课程设置、课程参与主体（教师、学生）两方面入手，逐步实现专业课的思政育人功能，从而最终实现思政课、综合素养课与专业课的同向同行、协同育人。概括而言，专业课践行课程思政的机制可以概括为点（专业课中的思政教育元素和资源）、线（课堂教学主线）、面（"三位一体"思政教育课程体系）的有机结合和统一。

第一，挖掘专业课德育的因素点。在专业课教学中践行课程思政的理念，需要在全面关注学生的发展需求基础上，选准思政教育在专业课教学中的最佳结合点，使两者有机融合，并以此为抓手推动专业知识学习与价值培育实践的有效结合。要在思政教育原则指引之下对专业课进行深度开发，充分挖掘和激发其中的思政教育内涵，科学、有序地推动专业课思政教育。因此，在专业课教学中践行课程思政的理念，关键和核心在于找准思政教育的元素和资源，以无缝对接和有机互融的方式建立专业知识与思政教育目标的内在契合关系。

深入思考每一门专业课，都可以凝练出其在情感培育、态度选择、价值观引领等方面的教育要求，而这些要求就是思政教育与专业课结合的因素点。相对而言，哲学社会科学类的专业课应更多地凸显其在强化社会意识形态教育方面的作用，自然科学类的专业课则应更注重对学生科学思维、职业素养的养成教育。具体而言，要根据专业课的教育要求，结合课程自身特点，分别从爱国情怀、社会责任、科学精神、人文精神、品德修养等角度找准思政教育的因素点，设置课程思政教育目标，有机融入中国优秀传统文化教育以及理想信念教育、爱国主义教育、道德品质教育，特别是对国家"道路自信、理论自信、制度自信、文化自信"的教育内容。

第二，做好课堂的教学主线。围绕课堂教学这一主线，需要从课程设置、课程参与主体（教师、学生）两方面入手，不断探索课程思政的有效路径和载体。在课程设置上：要明确课程总体思政教育目标，在思政教育目标引领下，结合专业课特点，深入挖掘专业课的思政教育内涵和要素，做好专业课的育人教学设计，从而优化课程设置。课程内容的设置要在立足专业知识的基础上，推动中华优秀传统文化融入教育教学过程，明确课程建设标准，并将思政教育路径固化于教学大纲中。要结合课程内容创新教学方式方法，探索课堂教学、社会实践、网络运用等多维课程组织形式，在授课过程中结合学生的特点进行科学引导。

首先，就教师而言，要有针对性地提升专业课教师的德育意识和德育能力。一方面要转变专业教师的传统育人观念，提升专业课教师对课程思政的认知，消除思想误区。帮助教师明确思政教育与专业课之间的关系，认识到思政教育不仅不会影响专业课原本的专业知识教学，相反还会提升教学的思想性和人文性，深化教学的内涵。另一方面，高校教师自身的思政教育水平及文化素养也是在专业课教学中践行课程思政的理念能否有效开展的重要因素。专业课中思政教育要素的融入，对教师的思政素养和知识积淀提出了更高的要求。如何找准专业课的思政教育资源与元素，实现育人目标与专业知识的精准对接，保证专业课知识讲授的同时有效融入思政教育，需要专业课教师不断提升自身的思政素养。

实现思政教育与专业课的有机对接，需要教师能够基于思政教育核心原则和内化要求，主动结合专业课的设计与教学活动的实施，深度开发教材，挖掘其中的思政教育内涵，在专业课中自然而然地融入思政教育内容。

其次，就学生而言，要促使学生在专业学习和社会实践中不断接受思政教育的内容，提高自身思政素养。课程思政的落脚点要放在学生思政素养的发展上，引导学生形成正确的世界观、人生观、价值观。为此，对于学生发展的评价要和对课程思政工作质量的评价结合在一起。但思政素养的提升是一个循序渐进的过程，因此评价应该更注重过程而不应是唯结果论。可以探索建立学生思政素养发展档案，在课程教学过程中记录学生思政素养的变化，课程结束时由教师和学生个人对思政教育目标实现情况进行双向评价。

第三，构建"三位一体"的课程教育体系。在坚持以立德树人为根本任务的前提下，通过深入挖掘专业课中的思政教育资源与元素，立足学科优势，实现思政教育目标与专业课知识点的精准对接。

## 2. 课程思政教育的教材编写

教材是课程思政的重要内容，是育人育才的重要依托。建设怎样的教材体系，特别是主干课程传授怎样的教学内容，体现了知识的价值导向。教材建设是国家意志的体现，对意识形态属性较强的哲学社会科学教材和其他课程的教材都要深入研究"教什么""怎样教"等育人的本质问题。要集中骨干教师力量，统筹优势资源，推出高水平的教材。要加强教材建设，创新学科体系、学术体系、话语体系，增强学生成长、成才的获得感。每一个学科都应当立足育人根本，用生动活泼的方式培养身心健康、态度积极的学生，在传授知识的过程中加强价值引领。通过集体备课，引入吸引学生的案例，融入时事政治中鲜活的育人元素开展课堂教学；分步推进计划表，明确责任分工，设计好成果目标，借助教学大纲的编写，保持课程与专业建设在同一方向。

针对各类课程的特点，研制教学指南与课程教学方案，在教学目标、教学内容、教学策略和教学案例等方面融入思政教育元素，将知识背后的价值、精神、思想挖掘出来，阐述清楚。在专业课中加强思政教育，找好育人角度，有助于将课堂主渠道作用发挥到最大。

与此相对应，育人方式也需要进一步优化。作为一个学科，要突出科学性，强调核心素养，遵循教育规律。学科的建设要研究学科与全体学生的思政教育之间的关系，不可自视为学生思想工作的唯一阵地。如果学科根基缺失，则难以立足于课堂。要在遵循社会发展逻辑、人的认知逻辑和成长逻辑的基础上，在核心价值观的统领下，统筹设计，制定分层教学目标。教材的编写要结合实际，持之有据，有说服力，站得住脚，把对理论的深度阐释和便于教育对象理解和接受有机结合起来。

### 3. 课程思政教育的教学设计

要把思政教育有效融入教学全过程，教学组织设计尤为重要。为此，需要考虑以下三方面要素：

（1）教学主体

在教学主体方面，要特别注重发挥学校在课程思政工作中的协同引领作用，构建思政理论课与哲学社会科学课程的协同创新机制，形成科学化、标准化、精细化的建设管理办法，不断加强课程思政教育教学过程的科学化、规范化建设。

（2）教学内容管理

在教学内容管理方面，要明确学校所有专业课应有的育人职责和功能，注重在传授专业知识和技能的过程中加强思政教育。围绕思政教育目标，对照思政教育核心内容，全面修订学科专业人才培养方案，针对具体课程编制课程思政教学指南。针对意识形态属性较强的哲学社会科学课程，充分挖掘其中蕴含的思政教育资源。深化哲学社会科学教育教学改革，建立健全符合国情的哲学社会科学人才培养质量标准体系。

（3）教学过程管理

在教学过程管理方面，要修订完善教学大纲，健全课堂教学管理办法，完善课程设置管理制度，建立课程标准审核和教案评价制度，落实校领导和教学督导听课制度。要逐一梳理课堂教学所有环节，深入挖掘专业课的思政育人内涵，细化课程思政具体目标，制定学校课程思政教学规范，做到有章可循。

### （二）课程思政教育教学的实现途径

#### 1. 课程思政教育的教师队伍建设

课程思政强调所有的教师都有育人职责，强调团队合作，需要整合思政理论课教师、专业课教师、学生辅导员和班主任队伍，组建多学科背景互相支撑、良性互动的顶尖师资课程教学团队，将思政教育工作贯穿教育教学全过程，坚持知识传授和价值引领的统一，实现全员育人、全方位育人、全过程育人。

办好思政理论课的关键在教师，要发挥教师的积极性、主动性、创造性。学校要着力提升教师的育人意识与能力，加强教师队伍建设，使教师做到教书和育人的高度统一。实施课程思政，就是要求所有任课教师不仅要在思想认识上形成全员育人的共识，也要在专业发展上具备有效育人的能力，将育人要求和价值观教育内容融入专业教师的教学体系。

（1）提升教师对课程思政的价值认同

高校教师是推进课程思政工作的关键因素，课程思政的工作效果直接取决于教师的德育意识和德育能力。为此，教师必须自觉树立牢固的德育意识，时时处处体现育人的职责，扭转重传授知识与能力、轻价值传播与引领的倾向。

要消除部分教师对课程思政的误解，帮助教师明确思政教育与专业课之间的关系。要通过多种途径，帮助专业课教师明确课程思政对于专业课的知识、能力、情感态度价值观教育一体化的作用，帮助其加深对课程育人要求和价值的理解，明确课程思政对学生科学思维训练、人文素养提升和价值观塑造的重要性。要让专业课教师认识到思政教育不仅不会干扰专业课自身的教学活动，减弱教学效果，相反还会提升教学的思想性、人文性，深化教学的内涵，提升教学的效能。最终的目标是要让专业课教师形成一种思想观念，不能只做传授书本知识的教书匠，而应坚持教书和育人相统一，成为塑造学生品格、品行、品位的"大先生"，要把知识传授、能力培养、思想引领教育融入每一门课程的教学之中，在每一门课程中体现育人的功能。

（2）提升教师对课程思政的教学能力

课程思政的建设实施最终仍需要落实到教学主课堂上，教师队伍的建设尤为关键。只有让专业课教师胜任课程思政工作，才能真正提升课程思政的育人能力。为此，学校要注重开展对包括专业课教师在内的全体教师的日常培训，将德育意识与能力建设全方位落实到各个相关环节，在新进教师岗前培训、教学督导随堂听课、教学技能竞赛等方面强化"传道"意识、提升"传道"能力，引导广大教师担负起育人责任。

## 2. 课程思政教育的评价反馈

由于思政教育的复合性，我们很难将学生思政素养上的发展归功于某个单一方面的工作。换言之，思政理论课教师、专业课教师、学生工作队伍（辅导员、班主任等）和其他管理服务岗位教师的工作往往会产生叠加效应，很难区分哪些变化是由什么引起的。但这并不意味着不可以进行评价，课程思政的评价要围绕教师、学生、教育内容和教学方式等方面，采取特色化的指标进行评价，这就要求评价的指标体系应该全面和多样，以保证评价的客观性、全面性和科学性。

（1）合理确定评价主体

课程思政工作的推进，是通过教学活动和管理活动合力推动来开展的。因此，评价主体应该包含学生本人、班级评价小组、专业课教师、专业课的管理人员、思政理论课教师、辅导员等。围绕在专业课教学中践行课程思政的理念设定的内容和相关标准，由各个主体独立评价；在协商的基础上，最终形成综合性的评价，并对取得的成效和原因再进行拆分细化。当然，这种做法难免带有武断性，但为了明确在专业课教学中践行课程思政理念的效果，以便不断优化改进，这种分割有时也是十分必要的。

（2）科学设定评价维度

在实施评价的过程中，我们要根据评价主体的不同而分别有所侧重，体现出不同的视角，以保证评价的全面性和科学性。其中，专业课教师主要对学生在学科学习中所表现出来的情感、态度、价值观的变化，对学科专业的忠诚度、对学科专业价值的认知、对学科专业方面的操守（伦理）、对与学科专业相关社会现象的分析能力等进行评价。学业导师更为侧重对学生学业理想、学业价值、未来的职业选择、个人学业与社会发展的关系认知等进行评价。思政理论课教师要更为侧重社会主义核心价值观对学生专业思想引导的评价。辅导员应更为关注学生学业行为的变化，如积极性、主动性以及对专业相关活动的参与度、与专业相关的社会活动尤其是公益活动的参与度。最终在评价结论的合成上，多方面的评价必须形成一个合议。

（3）健全评价督查机制

为保证课程思政工作的持续推进，我们需要在教师评聘考核体系中大力强化思政工作的考量，建立健全学校课程思政教育教学体系建设评估督查机制，将课程改革情况列为学校办学质量评估考核的重要指标，列为评价和衡量学校领导班子工作业绩的重要内容，纳入学校思政工作督导评价体系。

## 第二节　课程思政与英语专业教学的融合

课程思政融入高校英语专业的重要性主要体现在三个方面，如图6-2所示。

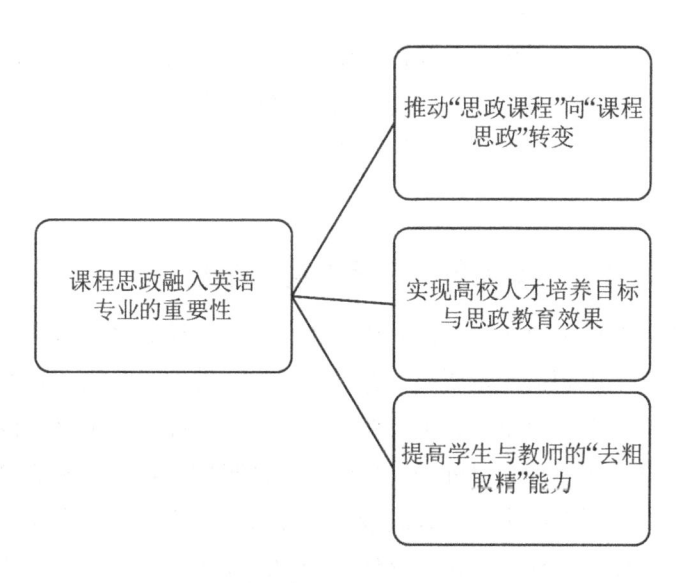

图6-2 课程思政融入英语专业的重要性

课程思政融入英语专业的重要性：
- 推动"思政课程"向"课程思政"转变
- 实现高校人才培养目标与思政教育效果
- 提高学生与教师的"去粗取精"能力

## 一、推动"思政课程"向"课程思政"转变

当前,高校教学不单单是靠思想政治理论课这门具体课程来达到育人目标,更要注重推动这一课程向"课程思政"方向转变,将政治思想融入各门课程,着力强化高校其他课程的思政功能。同时,我们要坚定道路自信、理论自信、制度自信、文化自信。其中在文化方面,只有坚定自己的文化信念,提高本国的文化自信才能屹立于文化之林。对于国家是这样,对于高校亦是如此,只有推动高校英语课程思政建设,在英语教学环节之中融入中国优秀的传统文化,才能推动精神文明和物质文明协调发展。

## 二、实现高校人才培养目标与思政教育效果

高校英语课程思政是实现高校人才培养目标、高校学生思想品德发展和提高高校思想政治教育效果的必然要求,同时也是为了实现英语教学目标、英语教学内容及英语教学过程的统一。将思想品德教育融入大学英语中,不仅对高校教师群体提出了新要求,更是为了培养越来越多德智体美劳全面发展的社会主义接班人。

"只有不断加强高校学生的人文关怀与教育,不断完善我国高校的思想政治教育工作,才能不断提升高校学生的文化自信心;只有不断提升我国高校思想政治教育的质量,才能为国家今后更好地发展奠定坚实的思想基础。"[①]当前背景下,我国高校需要提高思想政治教育课程与其他学科相融通的关注度,从实践中来,到实践中去,切实有效地真正做好教学工作。

## 三、提高学生与教师的"去粗取精"能力

英语教学不只是教和学一门外语,还肩负着素质教育的重任,素质教育的根本是对学生思想道德素质的培养。大学生学习英语是为了获取第二语言能力,大学英语教材也蕴含着丰富的外来文化。因此,无论是高校英语教育者还是学生群体都要加强对外来文化的选择性吸取,树立正确的价值取向。由于专业等性质因素约束,各大高校英语教育者一直处在跨文化的环境中,再加之这一群体愈来愈年轻化,就使他们的思想更加活跃,接受新事物的能力更强。同时,当前也应多提倡"学生为主,教师为辅"的教学模式。这样

---

[①] 王丹丹. 新时代高校大学英语"课程思政"研究 [D]. 合肥:安徽农业大学,2019:12.

虽然有利于师生交流，活跃课堂气氛，但同时也面临着一些新的挑战。因而，这就不仅仅需要社会与学校的高度重视，更需要教师努力提升自我思想道德素养以及自身的"去粗取精"的能力。

## 第三节 基于课程思政的英语跨文化交际人才培养

基于课程思政的英语专业人才培养模式以跨文化交际人才培养模式为例进行分析。

### 一、跨文化英语教学的体系

#### （一）跨文化英语教学的理论支撑

**1. 语言与文化、语言教学与文化教学的联系**

第一，语言与文化相互影响，并由交际连接起来。依据语言相对论以及文化相对论的研究可以发现，人们学习语言与文化的经历会对其思维的形成与发展产生一定的影响，正因如此，说着不同语言、处于不同文化背景中的人才会形成不同的思维模式，而思维是交际的基础，有着怎样的思维模式便有着怎样的交际习惯。其实这也表明，语言、文化与交际之间的关系是非常密切的，它们彼此总是相互影响的。人们在运用语言交际的过程中会将自身的价值观、思维习惯等文化层面的内容表达出来，而社会文化又在一定程度上给语言提供了形成与发展的"营养基"。交际则是作为一种中介，将语言与文化紧密地连接起来。

第二，语言教学与文化教学的关系。语言、文化与交际之间密切的关系对外语教学产生了一定的影响，当前逐渐形成这样一种观点——语言教学即文化教学，而且这种观念甚至广泛传播开来。很明显，单纯的语言符号系统虽能独立存在，但是当其被应用时必须与文化符号系统相结合，否则就像没有血肉的身躯，没有任何活力。

另外，依据不同的标准可以制定出不同的英语学习目标，而且不同的教育场所对学习者的学习要求也不同，英语培训机构与学校对学习者的要求就不相同，学校重在培养学生的英语交际能力。学习者英语能力提高的前提条件是其必须了解目的语的文化，并且在了解目的语文化的基础上，完成对该文化与自己母语文化的对比，这样就能保证熟练掌握两种文化，毕竟语言的学习涉及的也是两种文化的学习。因此，对语言教学而言，如果高校英语教师只是关注语言符号与形式，而不对文化教学予以重视，必定会削弱语言教学的效果，同时，学生的跨文化交际能力培养与提高也会受到一定程度的影响。

### 2. 跨文化交际能力符合人才培养的需要

跨文化交际能力的培养不仅对个体发展有重要的影响，而且对国家，甚至对世界的发展都有一定的影响，基于此，跨文化交际能力培养问题受到了人们的广泛关注。在这个背景下，跨文化交际学也形成并发展了起来，它是一门注重跨文化研究的学科，提倡对语言学习者进行跨文化培训，为培养跨文化交际人才提供了学科指导。不过，需要注意的是，跨文化交际能力的内容十分丰富，不仅包括学习者的情感、心理等行为层次，而且包括价值观、交际模式等文化层次，可见，一般时间较短的跨文化培训对于学习者跨文化交际能力的培养并没有实质性的帮助。要想实现学习者跨文化交际能力的显著提高，跨文化交际学必须与文化人类学、心理学等学科相结合，这样跨文化交际能力理论将会更加充实，在语言教学中培养学习者的跨文化交际能力就能变得更顺利。

当前对英语人才的要求越来越高，不仅要求英语学习者掌握一定的语言理论知识，而且要具备跨文化交际能力，尤其是在全球化进程不断推进的背景下，跨文化交际能力显得愈发重要。跨文化英语教学必须肩负起应该承担的责任，努力为社会输送具备较强跨文化交际能力的英语人才。

### 3. 跨文化英语教学顺应英语教学发展的需要

英语教学虽然是一门强调应用的学科，但是理论体系的构建同样重要，而且因为这一学科受到教师教育观念、学生学习心理以及社会环境等多重因素的影响，以至于其理论体系的构建必须与其他学科的研究成果相结合。与此同时，英语教学主要为社会输送人才，因此教师的教学理念必须与时代发展需求相适应，教学大纲也应该与时俱进。

英语教学的潜力是巨大的，但是从当前英语教学发展的情况而言，其潜力一直以来并没有被充分挖掘出来，尤其是在提高学习者综合素质方面所起的作用并没有得到足够的重视。倘若我们进一步丰富英语教学目标体系，将跨文化交际能力纳入该体系之中，英语学习对学习者的影响就非常大，它甚至可以被看作学习者必须经历的"第三次社会化过程"。在第一次与第二次社会化进程中，学习者会形成相对稳定的认知与价值观框架，而在第三次社会化进程中，由于他们学习了外国文化，并对外国文化与本国文化进行了详细的对比，所以能够对自己在第一次与第二次社会化过程中形成的知识框架进行反思，从而使其可以更加辩证地认识外国文化与本民族文化。可见，第三次社会化进程对于大学生跨文化交际能力的培养十分重要。

总而言之，跨文化英语教学意义重大，要对其予以足够的重视。一方面，文化确立了其在英语教学中的重要地位，它为学生的语言学习提供了比较真实的语境，使学生在语言学习中能考虑文化场景，连接真人、真事，这就在一定程度上激发了学生学习英语的积极性，并促进了英语教学质量的提高；另一方面，语言教学与文化教学的结合符合跨文化交际能力培养的需要，学生学习文化的渠道广泛，尤其是在信息技术快速发展的今天，他们可以从互联网上轻易地获得自己想要的文化知识。

需要注意的是，通过网络渠道获得文化知识只是一种间接的文化学习，而通过语言学习文化知识则是一种直接的学习，学生在语言学习中可以亲身体验文化，从而使自己可以在情感与行为层面上与跨文化交际能力培养的要求相一致。因此，在英语教学中开展跨文化培训能够取得很好的效果，一方面使学习者语言学习的需要得到了满足，另一方面则让学生的跨文化交际能力获得了培养与提高，这同时也表明英语教学的潜力被挖掘出来了。

## （二）研究跨文化英语教学的价值

### 1. 跨文化英语教学在现代英语教学中的地位

跨文化英语教学研究对中国跨文化英语教学有着很大的现实意义，这是因为两者存在一定的共性，跨文化英语教学研究的目的是培养人们的交际能力以及其适应不同文化的能力，而中国跨文化英语教学把帮助学生完成跨文化交际，提高其跨文化交际能力看作教学最根本的目标。

语言与文化关系密切，相互作用，相互影响，这让文化在语言教学中也占据了非常重要的地位，其实也在表明，在英语教学中，文化是必需的内容，是学生进行跨文化交际的基础。在英语学习中，学习者总是能体会到母语对英语学习的干扰，但是他们并没有认识到文化也能对英语学习产生影响。其实，文化对语言学习的影响很大，一个人要想获得成功的交际，不仅要掌握一定的语言知识，更重要的是，还必须了解交际对象的文化背景，并对相关文化知识做到清楚掌握，这样才能促成跨文化交际的实现。

第一，跨文化英语教学研究为跨文化英语教学实践活动提供理论支撑。英语教学受到许多因素的影响，这些因素包括语言环境、社会规范以及文化规则等，只有将这些因素与语言符号系统紧密结合在一起，才能实现英语教学的有效性，学习者也才能顺利地完成跨文化交际。对影响英语教学的这些因素所进行的研究其实也是跨文化英语教学研究的一部分，可见，跨文化英语教学研究已经在英语教学中"安家"，甚至随着英语文化教学的不断开展，跨文化英语教学研究可能会成为英语教学的重要部分，为英语教学实践活动的开展提供理论支撑。

跨文化英语教学研究成果源于教学实践。例如，对跨文化英语听力教学进行研究，就必须对英语听力教学实践展开必要的分析。在英语听力理解中，教师经常会听到一些学生在思考自己已经花费较多时间去训练听力，可是效果并不理想，尤其是当其听到一些生词时，理解起来依旧有困难。究其原因，就是学生对英语语言背后的文化没有做到清楚了解，如果他们能对西方文化有深入的了解，即使他们不懂这个生词的意思，只要联系一下该词汇所处的文化语境，就能明白其意思，进而就能顺畅地理解听力材料的内容。鉴于此，文化对听力教学的影响可见一斑，我们可对这一问题展开探讨、研究，还可以将研究成果应用到后续的听力教学中。

第二，跨文化英语教学研究指导跨文化英语教学根本目标的确立。跨文化英语教学的根本目标就是培养与提高学生的跨文化交际能力，而具体通过跨文化英语教学实现这一目标就需要一定的理论支持，跨文化英语教学研究为目标的实现提供了必要的理论支持。跨文化英语教学研究包括对跨文化英语教学目标的研究，而且这些研究都是在分析、总结跨文化英语教学实践的基础上得来的，因而既科学，又合理，对跨文化英语教学目标的确立有一定的指导作用。

## 2. 跨文化英语教学推进了英语素质教育进程

当前，国家大力提倡素质教育，培养学生的人文素质、创新素质等已经提上教育的日程，并且开始在高校各专业的教学中具体实施。

英语跨文化教学在语言教学的基础上重视文化教学，有利于学生掌握较为全面的文化知识，帮助其培养自身的文化素养。究竟怎样在英语跨文化教学中培养学生的人文素质，这不仅需要教师的努力，而且需要研究者的助推，英语教学研究者通过对英语跨文化教学规律进行探索总结出了不少跨文化英语教学方法，以及一些培养学生人文素质的策略。这些研究成果加快了英语素质教育的进程，使英语教学成为实施素质教育的一把利器。

### （三）跨文化英语教学的目标与内容

#### 1. 跨文化英语教学的目标

（1）总体目标

跨文化英语教学的总体目标包括两方面的内容：一是初级目标，即提高学习者的外语交际能力，这一能力体现在语言文学目标层面；二是高级目标，即培养学习者的跨文化交际能力，这一能力体现在社会人文目标层面。

（2）基于中国国情的跨文化英语教学目标

第一，知识层面，具体包括：一是语言意识。既要了解语言的基本特点，也要认识到语言的功能性；对语言与语言使用、社会文化之间的关系做到清楚理解。二是文化意识。既要了解文化及其相关的概念，也要对文化的特点予以清楚掌握；能够认清语言与文化之间密切的关系，并意识到二者之间是相互影响、相互作用的。三是目的语知识。掌握语言的基础知识，不仅要掌握语言的发音规则，而且要了解语言的语法规则；对语言中的基本词汇予以掌握，并了解其背后的文化内涵；对语言的篇章组织特点有清楚的认知。四是目的语文化知识。了解目的语文化中主要涉及的价值观念、风俗习惯等层面的内容；了解目的语文化的历史发展脉络及重大事件；了解目的语文化的社会文化结构；探知能展现目的语文化面貌的文学与艺术领域。

第二，能力层面，具体包括：一是外语交际能力。语言能力是指可以将所学的语音、词汇、语法等语言知识进行流利的使用。非语言交际能力是在交际过程中能依据交际对象与交际环境的不同，了解非语言信息，进而不断对自己的非语言交际行为做出恰当调整。社会文化交际能力是在真实的社会与文化环境中，能利用所学的外语进行跨文化交际。交际策略是指当跨文化交际遇到阻碍时，交际者可以适当采取一些策略确保整个交际顺利完成。二是跨文化交际能力。能对发生在跨文化交际中的各种文化现象进行正确的分析与观察；能在掌握本民族文化与目的语文化的基础上，对两种文化进行对比与分析；能正确认识本民族的文化，构建属于自己的文化认知体系；能根据不同的交际场合与交际对象适当地改变自己的言行；

能理性地看待文化差异；能正确看待自己在跨文化交际中的身份，当遇到跨文化交际问题时，可以主动参与矛盾的解决工作；能在具体的交际中可用不同的思维方式思考问题。

第三，态度层面：一是文化移情。能始终对目的语文化保持好奇心，愿意主动了解这些不同文化，并掌握文化之间的异同；正确对待不同民族文化所表现出的差异性，以一种更加开放的态度对待文化差异。二是文化相对论思想。能够明白文化差异与冲突是必然存在的，能够清楚世界上的所有文化都处于平等的地位，并没有优劣之分，它们之间只是存在差异而已。

**2. 跨文化英语教学的内容**

（1）基于教学目的的教学内容

一般而言，跨文化英语教学的目的包括三方面的内容，分别为知识、能力和态度。与此相对应，确立跨文化英语教学的内容体系也应该从这三个层面出发。如果不考虑其他因素，只是从教学内容来看，跨文化英语教学的内容体系如图6-3所示。

第一，目的语教学与目的语文化教学。这两方面教学内容与当前我们大学英语教学内容是一致的，经过这两类知识的学习，学生不仅能够掌握目的语语言知识，而且能运用所学的知识与目的语群体进行有效的交际，这种能够有效交际的能力就是外语交际能力。

需要明确的是，在这两个模块（目的语教学与目的语文化教学）中，增加了两项新的内容，一项为语言意识，另一项是文化意识。之所以要将语言意识纳入模块之中，主要的原因就是希望学习者在学习完英语之后，可以将英语与自己的母语进行比较，进而发现二者的差异，总结语言的普遍规律，最重要的是能认识到社会、文化在语言形成与发展过程中所起的重要作用。培养学习者的文化意识则是让他们对中西方文化有足够的了解，保证其跨文化交际能力能有所提高。此外，文化教学还涉及文化交流的内容，文化交流是学习者本族文化与目的语文化之间的交流，换言之，学习者在学习英语的过程中还要多接触西方文化，从而保证自己可以在中西文化对比中认识到本民族文化的优势以及西方文化学习在英语教学中的重要性。文化交流与文化使用并不是单独存在的，两者一般属于一个范畴之内，相互作用。

第六章　基于课程思政的英语专业人才培养

```
英语教学 ─┬─ 目的语教学 ─┬─ 语言意识
         │              ├─ 语言知识
         │              └─ 语言使用
         ├─ 目的语文化教学 ─┬─ 文化意识
         │                ├─ 文化知识
         │                └─ 文化交流
         ├─ 其他文化教学
         └─ 跨文化交际能力培养 ─┬─ 跨文化意识
                              ├─ 跨文化交际能力
                              ├─ 跨文化交际实践
                              └─ 跨文化研究方法
```

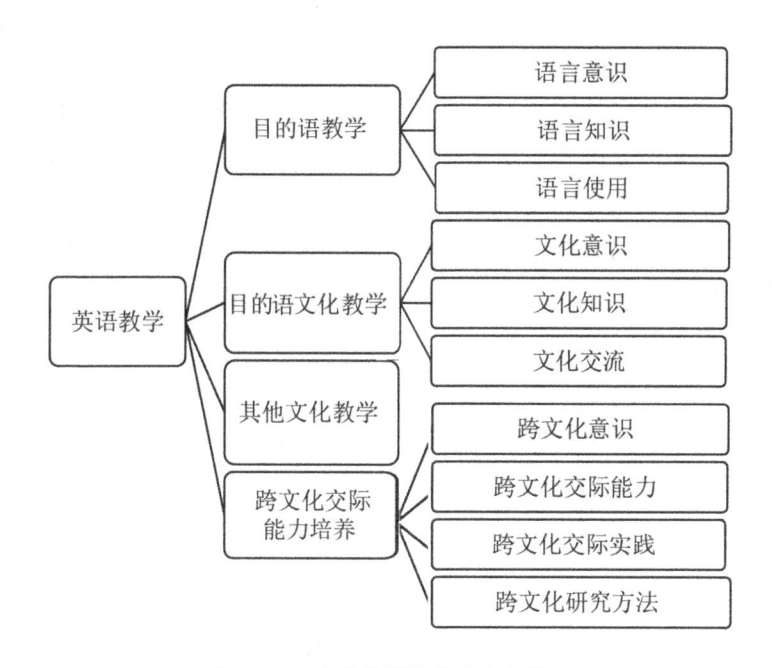

**图 6-3 跨文化英语教学的内容体系**

第二，其他文化教学。跨文化交际能力是学习者在掌握目的语以及目的语文化的基础上产生的，同时学习者还要兼顾母语以及本民族文化，使自己可以在两种文化的交流中实现跨文化交际能力的提高。可见，英语教学不能排除其他文化的内容，一旦其他文化内容脱离英语教学内容，那么，学习者在语言学习过程中就会忽略其他文化，显然，跨文化交际不是一种文化的交流，其他文化也要参与其中，否则就会导致学习者无法形成跨文化意识。当然，英语教学的课时是有限的，教师与学生在课堂上的精力也是有限的，学生无法较为全面地体验多种文化系统，但是教师通过选择恰当的教学教材，组织新颖的教学活动，是可以让学生在情境中体验不同文化的，虽然这种体验可能与目的语文化有一些差距，但是在一定程度上也能摆脱母语文化对英语学习的影响。

第三，跨文化交际能力培养。跨文化交际能力的培养包括许多方面的内容，它涵盖了知识、能力与情感等，也就是学习者不仅要学习跨文化交际知识，而且要培养跨文化交际态度，具备一定的跨文化交际能力。具体到跨文化交际能力的培养问题，还是需要跨文化交际实践来完成，教师为学生创设文化交际情境，学习者在情境中扮演角色，完成文化交际，这样学习者就能在交际中了解一些交际注意事项，认识到文化冲突是无法避免的。当学习者在具体开展跨文化交际实践时，就会更加自如。

跨文化交际能力培养这一模块还包括了跨文化研究方法，之所以会纳入这部分内容，主要是因为跨文化交际能力的培养并不是一蹴而就的，如果只靠在校期间的教育来学习文化知识，显然是非常不切实际的，教师根本无法预知学习者在学习过程中遇到的所有跨文化交际问题，因此，掌握一定的跨文化研究方法，对于学习者而言非常重要，这些方法能帮助学习者在具体的交际实践中自行选择交际策略。

（2）教学内容之间联系密切

如图6-3所示，其呈现出的不同要素之间的关系并不是它们实际的关系，这是因为各要素之间的关系并不像图中显现的那样独立，其实它们之间相互联系、相互作用。可在原来图6-3的基础上描绘新的能够展现教学内容之间关系的图6-4。

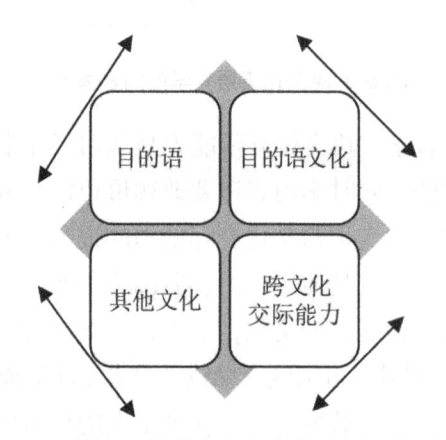

图6-4 教学内容之间联系密切

与常见的线性分布、层次分明的内容分析不同，图6-4所展示的各个教学要素分布于一个大的方框之中，没有先后主次之分，而且框外的双箭头表示各个要素之间可以互通有无，相辅相成，共同构成外语教学的整体。

（四）跨文化英语教学的原则与方法

1. 跨文化英语教学的原则

语言与文化的关系十分密切，语言本身就蕴含着丰富的文化内涵，同时，从语言使用层面上来看，语言使用需要在一定的文化环境中进行，正是从这两方面看，英语语言教学必然会涉及跨文化教学，而且跨文化教学必然也会通过语言教学来实现。不过，跨文化英语教学活动的开展与英语教学还是有一些细微的差别，在教学过程中，教师必须遵循以下原则（图6-5）：

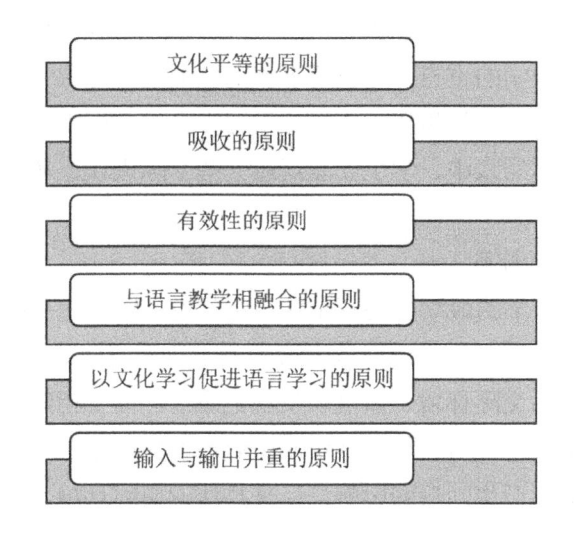

- 文化平等的原则
- 吸收的原则
- 有效性的原则
- 与语言教学相融合的原则
- 以文化学习促进语言学习的原则
- 输入与输出并重的原则

**图6-5 跨文化英语教学的原则**

（1）文化平等的原则

世界上的文化虽然形成的条件不同，具有的特点不同，但是不同文化之间并没有优劣之分。在跨文化交际的过程中，交际者要树立文化平等意识，这就要求教师必须在跨文化教学中以文化相对论的观点来引导学生，让学生认识到文化都是满足人们需要的产物，每一种文化都是适应每一个地域发展的，所以不能用优劣来简单评判所有文化。因此，在跨文化英语教学中，教师必须秉持双向文化导入的理念，既要向学生传授西方文化知识，还要向其传授中国文化知识，这样学生在掌握中西方文化知识的基础上就能了解中西方文化差异，从而更好地学习英语。

但是，需要注意的是，教师必须让学生明白，跨文化交际过程是一个文化平等交流的过程，在学习中，学生必须平等地看待中西方文化，形成文化平等意识，不断汲取中西方文化的精华，用这些文化知识来指导自己的跨文化交际实践。

（2）吸收的原则

对于文化，我们应该辩证地看待。一国文化要发展，不仅要与世界文化和谐相处，而且要保持自己的独立性。因此，在跨文化英语教学中，教师要帮助学生吸收有益的、积极的文化，并将这些文化在课堂上传授给学生。

其实，跨文化英语教学一直都存在着两个问题，一个是"求同"，另一个是"存异"。对于"求同"，学生一般都能比较容易理解，而对于"存异"，很多学生似乎不清楚中西方文化在跨文化英语教学中的重要性。因此，"存异"便是跨文化英语教学的重点，这也要求英语教师必须在课堂上将中西方文化纳入教学内容体系，让学生在英语语言学习中全面掌握中西方文化，这样在具体的跨文化交际实践中，学生就能规避一些交际失误，从而促进有效交际的实现。

（3）有效性的原则

跨文化英语教学的最终目的就是要对学生进行跨文化交际能力的培养。有效交际的实现需要一定的条件，前提条件是交际双方要共享一套语言系统，而其他条件还包括交际环境、情境以及规范系统。需要指出的是，这里的交际环境包括两部分：一是宽泛的交际环境，它主要包括地理环境、文化环境等，这类环境能对交际产生间接的影响；二是具体的交际环境，主要包括交际双方的角色、交际发生的具体场合等，这类环境一般可直接对交际产生影响。情境一般是指文化情境，是交际双方在交际时所处的文化背景。规范系统是保证交际顺利进行的基础，双方都必须遵循一定的规范。

英语文化教学内容其实十分丰富，教师要实现教学的有效性，就必须将这些内容都纳入教学中来。具体而言，文化知识可以循序渐进地引入，首先可以将地理文化、情境文化这类相对而言比较浅层的文化引入教学中，先让学生有最基本的了解。接着，教师可以将文化深层次的内容——价值观与社会规范引入教学中。这种内容设计与组织是符合教学规律的，因此，教学的有效性能很快实现。

（4）与语言教学相融合的原则

跨文化教学并不仅仅是文化层面的简单教学，它必须与语言教学结合起来，这是因为跨文化英语教学的目的是帮助学生培养跨文化交际能力，使其在跨文化交际中能规避语用失误，因此，跨文化教学绝对不可能离开语言教学而存在。

从上述分析可以知道，文化教学必须与语言教学相结合，教师最好将文化内容贯穿到语言教学的所有环节中。学生在学习语言的过程中，同时也完成了对文化知识的学习，对语言知识与文化知识的扎实掌握能够帮助学生认清文化教学与语言教学的关系，同时也能帮助其进行跨文化交际。

（5）以文化学习促进语言学习的原则

当前，大学英语课程是一种兼具工具性与人文性的课程，要求学生不仅要掌握基础语言知识，而且要掌握语言背后的文化知识。因此，教师在进行大学英语课程设置时，必须考虑学生的文化素质培养以及跨文化交际能力提高问题。

语言是文化的载体，它记录与传承文化，所以，语言的教学与学习不可能脱离文化而存在。同时，因为语言也承载着丰富的文化，所以语言也变得更加多姿多彩，语言的使用才更加灵活多样。因此，学习者学习英语，不能仅仅学习语言本身，而且要了解语言背后的文化内涵，只有这样，才能灵活地使用英语。而对英语教师而言，在英语教学过程中，不仅要向学生传授词汇、语音、语法等语言知识，而且要向学生传授文化知识，让其将文化知识的学习融会贯通到语言学习中，这样其语言综合运用能力就能有所提高。

传统英语教学强调语言教学，忽视了文化教学，以至于很多学生都只是学习了一套语言符号，而无法在文化情境中恰当地使用它，因此，英语教学应该强调以文化为中心，学生在学习语言的过程中完成对文化知识的学习。不过，这里的文化知识是全面的，不仅包括西方文化知识，而且包括中国文化知识。

因为跨文化英语教学给学生提供的文化知识包括中西方文化知识，这可以在一定程度上拓展学生的知识面，拓宽其文化视野。在此基础上，其就能了解到文化知识对于英语语言学习的重要性，从而根据自己实际的学习情况调整学习目标与学习计划，将文化知识学习纳入自己的学习体系之中。对中西方文化知识的了解与掌握，能帮助学生成为真正的跨文化交流人才。

（6）输入与输出并重的原则

跨文化英语教学中的知识输入与输出可以从以下两个方面具体展开：

第一，文化层面。英语教师在跨文化英语教学中，要善于将文化平等的理念传授给学生，让学生明白西方文化对于英语学习固然重要，但是如果不了解中国文化，不清楚中西方文化的差异，英语学习也只能停留在语言层面，深层次的文化学习是无法实现的。同时，教师要加大在高校英语课堂上我国文化的输入，让学生了解我国文化的魅力。

第二，语言层面。跨文化英语教学并不是简单地将中西方文化知识直接展现在学生面前，让其学习、消化，而是要以语言为载体，使学生完成对文化语言知识的输入、吸收，当学生进行文化语言输出时，其就能完成高质量的输出。文化语言输出是十分有必要的，其最重要的作用就是要树立学生的自信心，这样就能在跨文化交际中使用流利的文化语言完成交际。

在跨文化英语教学中，输入与输出并重的原则对于培养学生文化知识双向导入的能力至关重要，使其能用英语与西方人进行友好而顺畅的交际。

**2. 跨文化英语教学的方法**

（1）跨文化课堂教学

第一，挖掘教材中所蕴含的人文精神，结合教材丰富学生的人文背景知识。英语学习并不仅仅是语言的学习，文化知识的学习同样重要，这是因为英语文化背景知识能帮助学生理解语言的语境，使其可以准确理解词汇、句子的含义。在英语学习中，很多学生经常会遇到这样的情况，文章中的每一个单词都认识，每一个句子也能翻译出来，但是如果从整体上把握文章，他们就会感到非常困难，这主要是因为学生缺乏必要的文化背景知识，这就给学生提出了新的要求。学生不仅要学习语音、词汇与语法等语言知识，而且要对各种文化知识有所了解，只有对文化有清楚的了解，才能感知文章的主要内涵，准确地理解文章含义。语言是文化的一部分，如果学习者只学习英语，而不了解英语背后的文化知识，那么英语学习只是一种浅层的学习，这就要求教师在分析英语教材的基础上，向学生传授一些与教材相关的文化背景知识，从而帮助学生更好地理解语言与文化。英语教材所收录的内容十分丰富，它并不是简单的一本书，囊括了很多西方人文知识，能帮助学生了解西方文化。

第二，通过对文学和影视作品的鉴赏来培养学生的人文精神。许多文学作品与影视作品中所呈现的英语表达恰恰是地道的英语表达，同时还呈现了西方文化的真实面貌。因此，在跨文化英语教学中，教师在讲解某一部分内容时，可以适当地为学生播放一些与内容相关的经典英文电影，也可以给学生推荐一些与此相关的经典文学作品。经典的电影与文学作品往往传达了西方的价值观、人生观以及世界观。

第三，运用教学方法来塑造学生的人文品格。教师要将传统的以教师为主体的教学方法转变为以学生为主体的教学方法，并对学生的自主学习意识与能力进行培养。在这个网络时代，教师要多用微信、QQ与学生进行交流，了解学生的人文诉求，这样他们就能根据学生的实际需求来搜寻文化知识。丰富的文化知识有利于对不同学生的人文品格进行塑造。

（2）跨文化第二课堂教学

第一，传统"第二课堂"教学的不足。传统英语教学也有"第二课堂"，不过在开展教学的过程中，其展现出了以下五个明显的不足，见表6-1。

**表6-1 传统"第二课堂"教学的不足**

| 主要不足 | 具体内容 |
| --- | --- |
| 传统的"第二课堂"有着丰富多样的形式，但是因为其并没有受到广大学生的喜欢，因而一直以来学生的参与度不高，参与人数也较少 | 传统的"第二课堂"主要有大家熟悉的英语角、英语沙龙等，这些形式覆盖的学生面有限，通常是一些学习成绩好的学生更愿意参与进来，而那些学习成绩不好的学生一般参与的积极性较低，他们通常扮演着看客的角色。此外，在大学，学生学习英语的阶段是固定的，当英语课程完毕之后，学生一般不会再自学，只有一些英语爱好者还坚持在"第二课堂"学习英语，这导致"第二课堂"的作用并没有真正发挥出来 |
| 无论从学习内容上，还是从活动形式上，传统"第二课堂"英语教学都存在着一些不足，其中最显著的问题就是没有根据学生的水平进行层次性教学 | 传统"第二课堂"英语教学强调的是学生的共性，因此教师在教学内容、方法上的选择都是统一的，并没有认识到学生在学习能力、智力水平等层面上的差异，因而过于重视学生的认知发展，忽视了其个性发展，这导致有些学生对英语学习失去了原有的兴趣。"第一课堂"的局限性很多，一般教师无法在该课堂上对学生进行差异性教学，所以有些教师转向"第二课堂"，试图通过"第二课堂"来实现差异性教学的目标。但需要注意的是，尽管"第二课堂"在形式上已经做出了相应的改变，从表面上看，它能满足差异性教学的需要，但如果从本质上看，学生学习的主动性并没有因为"第二课堂"而有所提高 |
| 传统"第二课堂"并没有给学生提供一个轻松的学习环境 | 在应用语言学家看来，学生在外语学习过程中会受到很多因素的影响，心理就是其中不容忽视的一个因素，这就要求英语教师为学生提供一个好的学习环境，使其能从心理上愿意学习英语。但是从传统"第二课堂"英语教学的现状而言，教师并未认识到心理因素在英语教学中的重要性，因而一直未能给学生提供舒适的学习环境，这让很多学生在课堂上不敢说英语 |
| 传统"第二课堂"教学并没有建立起合理的评价体系 | 现代教育理论已经表明，评价对于改善教学具有重要的作用。借助教学评价结果，教师可以对自己的教学优势与劣势有清楚的认识，同时还能对学生的学习情况有所了解，帮助学生制订后续的学习计划。但是，传统"第二课堂"英语教学的评价体系不完善，一方面，作为教学的主体，教师没有总结出一套合理的评价标准；另一方面，学生作为教学活动的重要参与者、学习的主体，其无法实现自评，只能从教师与同学那里了解自己的学习情况，这就在很大程度上挫伤了学生学习的积极性 |

续表

| 主要不足 | 具体内容 |
| --- | --- |
| 传统"第二课堂"没有足够的教师，且没有足够的教学经费 | 大部分英语教师已经习惯了"第一课堂"英语教学，对"第二课堂"理论与实践并没有过多的了解，以至于"第二课堂"的教师非常稀缺，并最终导致许多"第二课堂"英语教学活动无法开展。此外，"第二课堂"通常是以活动的形式呈现的，然而举办一场英语活动并不是说教师与学生到位即可，还需要大量的物力与财力投入，这对高校来说是一个非常大的考验。正是因为如此，"第二课堂"的发展受到了一定的阻碍 |

第二，跨文化"第二课堂"教学的优化，具体见表 6-2。

表 6-2 跨文化"第二课堂"教学的优化

| 优化方法 | 具体内容 |
| --- | --- |
| 组建各类英语社团或俱乐部 | 每个高校都会有大量的社团与俱乐部，这里是发挥学生特长的地方，是激发其主动性、想象力、创造力的场所，是培养团队合作意识和协调能力的绝佳平台，当然也是其英语语言实践的有利场所。社团和俱乐部可围绕某个特定主题开展相应活动，并聘请外教和骨干英语教师作为特邀嘉宾予以指导 |
| 举办英语文化节 | 为了让学生更加主动地学习英语，高校可以为学生设立一个英语文化节，同时，对学生展开调查，了解学生喜欢的活动形式，并在节日期间举办多种多样的活动，例如英语歌曲比赛、英语电影配音等。在这些活动中，学生是主体，但是高校也不能将所有的活动组织都推给学生，高校有关部门也应该积极参与进来，共同推动英语文化节的举办，这在一定程度上还能拉近教师与学生之间的距离，促进教学有效性的实现。更重要的是，举办英语文化节可以当作一种学校文化传统延续下去，久而久之，学生就会更加乐于学习英语，认识到英语的魅力 |
| 编辑英文杂志 | 可以在学校设立英文杂志编辑部，只要是喜欢英语的学生都可以将自己的英文稿件投到编辑部。当学生的稿件在杂志上刊登时，学生的自信心就能迅速建立起来，其学习英语的积极性也能被调动起来。不过，为了确保英语稿件的质量，编辑部征稿、审稿的人必须了解一些常规的出版知识，有着较高的英文水平 |

续表

| 优化方法 | 具体内容 |
| --- | --- |
| 举办英语竞赛 | 高校还可以为学生提供多样的竞赛平台，保证学生可以获得展示自己英语才华的机会。高校举办的竞赛活动形式要多样化，同时举办频率也要高一些，这样学生就能时刻都有竞赛可以参与，其英语水平也能有所提高。英语竞赛活动要注重趣味性，只有这样，才能激发学生参与的积极性 |
| 在日常生活中学习英语 | 英语学习当然要重视理论的学习，毕竟理论知识是学生运用英语的基础与前提，但是与英语基础理论知识学习相比，英语实践教学更加重要。因此，学生要想学好英语，就必须将英语学习践行到生活中，从日常生活中接受西方文化的熏陶，多与学校的留学生交朋友，多与学校的外教交流，这样学生就能使自己置身在英语文化环境中，从而培养自己的英语应用能力与跨文化交际能力。此外，高校还可以通过设立英语广播站为学生播报英语新闻，让学生无时无刻都能学习英语的地道用法。同时，还可以在校园报告厅中定期放映一些经典英语影片或一些生动有趣的视听材料，让学生领略英语的魅力 |
| 创办"英语学习种子班" | 可以从不同学院中选拔一些英语成绩较好的学生，进行统一的口语、听力等方面的培训，这些培训必须在"第二课堂"中进行，当这些接受培训的学生顺利"毕业"之后，就可以回到各自的学院，将英语学习的先进方法传授给其他同学，从而带动其他同学积极学习英语 |
| 建立基于网络的大学英语自主学习平台 | 教育领域的研究内容有不少，而自主学习一直以来都是研究的重点与热点。在课程与教学论领域，自主学习能力被看作一项教学目标，培养学生的自主学习能力成为教师的任务之一；在学习论领域，自主学习被看作学习方式的一种，且与原有的学习方式相比，这种学习方式更能保证学生学习的质量 |

在"第二课堂"中开展自主学习，主要可以通过三种手段进行：一是自主学习中心。自主学习中心是一种比较特殊的教学方式，该方式的使用转移了人们的注意力，人们的注意力从自主学习的组织转变为自主学习与课程的结合。二是计算机辅助教学。计算机技术的发展给教育领域带来了巨大变革，英语教学也不例外。英语跨文化教学需要大量的文化资源，利用计算机技术，学生可以自由地从互联网上获取相关资源，并且能对获取的资源进行分析、思考，从而有效地提高自主学习能力。三是串联学习。两个学生可以分别学习对方的语言作品，并对作品进行合理的评价，促进彼此的进步。通常情况下，

它与自主学习往往相伴而生，两种学习方式结合能发挥更大的效力。

随着计算机技术的飞速发展，借助网络能较好地实现学生的自主学习目标，网络在这一目标实现上往往表现出优势：能为学生创设比较生动的语言环境，网络以图片、音频与视频给学生带来了强烈的感官刺激，极大地激发了学生英语学习的积极性。

基于网络在跨文化英语教学中的重要性，应该建立一个基于网络的大学英语自主学习平台。该平台可为学生提供自主学习、交流探讨、教师指导等不同模块，自主学习模块是学生自主完成探究的模块，交流探讨是学生与学生之间就某一问题进行探讨的模块，而当学生遇到无法解决的问题时就可以在教师指导模块上向教师请教。

## 二、基于课程思政的英语跨文化交际人才培养方法

第一，大学英语跨文化交际人才培养要对教师定期进行思政测评，促进教师进行自我反省、自我教育、自我提高和自我完善。同时，教师授课和说课中有无"思政元素"的体现，也应成为各级各类高校英语教师教学技能大赛的重要考查点。

第二，鉴于四六级考试仍然是大学英语教学的目标之一，将课程思政融入大学英语，占用有限的英语课时，进而测评跨文化交际人才培养质量是不可取的。我们在测评中，应尽量依托线上自主学习课堂和"第二课堂"，以让学生用英语写心得、写征文等形式进行，并在教师评分的基础上，较多地采取学生自评和同伴互评的方式进行评价。

第三，为调动师生的积极性，需要进行终结性评价。现行的大学英语考试较为强调标准化，难以全方位考查学生的世界观、人生观、道德观、法制观及学习观等，亟待改革。可以将中西方文化、意识形态和价值观的甄别以及论证纳入各类大学英语考试的作文命题中，除了增加时间和分值外，还要把更多的考虑放在观点的新颖和内容表达的逻辑性方面。

第四，在学习任务中，可通过使用多模态手段整合多种感官的优势，进行信息获取、传递与接收，模拟英语跨文化学习的真实语境，提升学习效果。建构国际人才本土化跨文化交际能力测评体系，同样可以通过制订多模态的跨文化交际知识量表来完成。通过档案评估、自评报告、模拟情境表演、听力测试、反思、观察等方式，测试学生的跨文化交际能力。

## 第四节　基于课程思政的英语专业人才培养策略

### 一、课程思政与英语专业人才培养的融合

"课程思政并不是课程与思政的简单结合，课程思政倡导的是课程理论视角下教学方法创新、教学内容调整、教学核心价值观强化的深刻的教学变革，是思政教育思想在学科教学中的充分渗透。"英语作为基础必修课程，教育教学中需要面对纷繁复杂的西方文化思想等，课程思政建设具有现实必要性与紧迫性，因此，研究课程思政与高校英语专业人才培养的融合符合时代要求，也能够在提升高校英语思政教育价值的同时，使高校英语教学改革持续深入。

#### （一）课程思政与英语专业人才培养融合的理念

英语专业的人才培养和思政课相互结合的观念，能让思政教育变得非常自觉。若想让思政课真正得到落实，必须在思想上保持高度重视。英语的教学理念应该转变，英语教师应自觉地实践思政课，主要分为两点：第一，英语教师应该对思政教育在英语教学过程中的必要性有清醒的认识。英语教师应该认识到思政教育期间自己所承担的主体责任，恰当科学地指引学生，让学生在学习大学英语专业期间思考和涉猎思政教育方面的知识，将教书和育人作为教育的导向，让二者有机地结合起来，这样，学生在学习专业知识期间才能够得到耳濡目染的思政教育，在探讨学科的话题时才能对思政目标有明确的认识。详细来说，学生不管是理解篇章还是学习语法知识，教师都应该保证正确地指导学生，以此为前提训练学生跨文化交际的表达能力，学生在思政课的指引下，能够始终保持主流的价值思想。第二，英语教师应该不断地探索思政教育的有效思路与途径，积极地学习思政教育的专业知识，从而在英语教学中更好地结合思政教育，为学生更好地解答思政方面的疑问，促进对人才的培养。

大学英语教师应该对和思政教育有关的纲领性文件有清晰的认识，重视学习传统文化，具备挖掘思政素材的能力、整合与筛选信息的能力，把网络

优势充分发挥出来，将学习思政的自觉性提起来，用自己的思政专业知识和思政意识解答学生的疑问。教师不仅要通过互联网自觉地学习思政知识和理念，更应该自觉讨论思政的有关话题，汲取别人的经验和教训，同时持续地思考和创新，做到一切都能被自己所用，将自己的思政教育视野扩展开，在学科教学期间自觉地践行思政教育。

### （二）课程思政与英语专业人才培养融合的探索

课程思政与英语专业人才培养融合的探索，需要发挥课堂主阵地的作用。课堂是大学英语教学的主阵地，也应成为课程思政教育的主场所。因此，在大学英语教学中，要想实现与英语专业人才培养融合的渗透与深化，必须发挥课堂主阵地的积极作用。而课堂涵盖多个方面，我们可以将其分为第一课堂、第二课堂、第三课堂。

第一课堂，主要指的是一般意义的教学课堂，在第一课堂上，教师只有坚守本源性，才能让思政课真正落地。英语教师要以讲解英语知识为重点，指引学生思考英语的阅读、探讨英语的话题，对学生开展耳濡目染的价值观教育。英语教师要以现行的教材作为基础，挖掘现行教材中多姿多彩的思政教育资料，选取传统文化、品德培养、尊老爱幼以及家国情怀教育等思政教育话题。如尊老爱幼话题能拓展到孝顺父母、爱护老人，让学生共同讨论孝文化，感受孝文化在当今社会的价值，并把这种价值融入社会主义精神文明建设中去，如此一来，思政教育和教学能有机地结合到一起，也提高了大学英语教学的趣味性。学生在潜移默化中得到了思政教育的指引，不管是交际表达、写作练习，还是语法和词汇学习，都能成为承载课程思政的载体。

第二课堂，主要指的是活动课堂，但更多是指课后的社会实践。大学英语教育教学理念的基础是立德树人。教师在教学期间应该把思政知识融合到社会的实践中去，把理论学习变成实践，英语教师既要激励学生参与多种多样的英语竞赛，建立英语社团、话剧社以及学习小组等，又要激励学生在日常学习中多读书、多积累，分析时政中的热点话题，提高个人的语感。要想积累词汇，加深对思政的认知，还要让学生多参加公益活动，让学生在活动中用英语交流，这样也能逐渐加强学生对国情方面的认识，提高学生的民族自信心。

第三课堂，主要指的是网络课堂。网络技术的变化发展让思政教育课程从实体走到了网上，英语教师应该从以下几方面入手：第一，英语教师应该牢牢抓住教育的时机，让大学英语教学和思政教育有机地结合到一起，并以网络平台的资源共享和信息传播等为基础，为学生提供最新颖的思政资源，让学生开展相关话题的讨论。第二，英语教师也能通过短视频、微博、微信等方式让学生学习有关思政的知识，得到思政的陶冶。第三，英语教师应该让学生以英语练习为基础来讨论思政相关的话题，让学生搜集和整理有关资料，同时教师应该比较国内国外学生的学习状况，拓宽学生的视野，把学生努力学习、报效国家的决心激励出来。第四，英语教师应该激励学生通过移动终端自主地检索学习打卡，让学生涉猎方方面面的知识。第五，教师应该利用微信公众账号如外研社等给学生推送英语文章、全球新闻等，加强学生在阅读期间的语感练习以及热爱祖国的情感。

高校英语专业的人才培养和思政课相互结合的具体落实，依赖于很多方面的共同努力，高校英语具备一定的特殊性，让思政教育的实施有了一定的必要性和可行性，英语自身有着思政教学的优势，应当变成学科开展改革的主要方向。在英语教学期间，英语教师应该将知识教学、价值观教育、素质教育以及立德树人等相互融合，让思政教育更为活泼。

## 二、基于课程思政的英语专业人才培养的实施

立德树人是高校的根本使命，所有课程都应发挥育人功能。课程思政就是通过课程建设，使大学所有课程发挥思想政治教育作用。英语作为高校一门覆盖面较广、持续时间较长的人文学科基础课程，理应将思想政治教育融入课堂教学全过程，在实现课程培养目标的同时，发挥课程的育人功能。充分把握英语课程思政建设的价值意蕴，认真梳理英语课程思政的建设原则，系统规划高校英语课程思政建设的实现路径，有助于将高校英语课程育人落到实处。

### （一）基于课程思政的英语专业人才培养的原则

#### 1. 符合目的性的原则

要建设好英语课程中的思政教育，人们应该坚持以学校的办学目标与课程的培养目标为中心。英语课的思政建设应该服务于课程的培养目标，不仅要将英语课对于能力和知识的培养要求体现出来，还要注重实现英语课的价值引领作用，课程思政的素养和高校英语的培养在这个层面是相同的。高校

英语应该实现人文性与工具性的一致，学校应该在高校英语中融入社会主义核心价值观，将人的价值体现出来，培养学生全面发展的综合素质。

### 2. 符合规律性的原则

英语课程思政建设是一项系统工程，涉及教师、学生、环境等多种因素的复杂互动，想在英语课程中开展思想政治教育工作，实现育人目标，必须遵循以下规律：

（1）英语课程思政建设要遵循思想政治工作的规律

英语课程思政建设要立足学生实际，将理论讲解、价值引领与学生的学习实践、生活实际紧密结合，让思想政治工作更具亲和力，从而从思想认知、情感认同、实践行动三个维度有条不紊、循序渐进地帮助学生将社会主义核心价值观内化于心、外化于行。

（2）英语课程思政建设要遵循教书育人的规律

育人者先育己，高校英语教师要严谨治学、为人师表，对学生的思想感情、立场观点、意志性格、道德品质形成潜移默化的熏陶。同时，高校英语教师要增强育人意识，合理选择教学内容，改进教学方法，有目的、有计划地将价值引领有机地融入知识传授、技能培养当中，做到立德树人、润物无声。

（3）英语课程思政建设要遵循学生的成长规律

大学生的思想成长过程呈现出普遍规律，如"思想需求促进律""求新思辨律""内外因交互作用律""情绪情感参与律""螺旋上升律"等，英语课程思政建设应遵循规律，满足学生的思想需求与情感需求；尊重学生主体性，确保大学生自我发展与教育引导互动促进；营造健康、和谐的课内外环境，推进认知、认同、实践，实现学生思想上的提升。可见，高校英语课程思政建设需遵循学生成长的规律。

### （二）基于课程思政的英语专业人才培养的路径

基于课程思政的英语专业人才培养的路径如图6-6所示。

### 1. 注重通识教育与思政教育结合

之所以会把高校教育和通识教育联系到一起，是因为当代高校的学科设置得过于专业，阻断了知识间的联系。通识教育这个概念自从被提出来直至今天，有十多种关于此概念内涵的表述和解释，最本质的表述是，通识教育是针对全部大学生的、非专业性与非职业性的教育，应当是高校办学的核心思想。

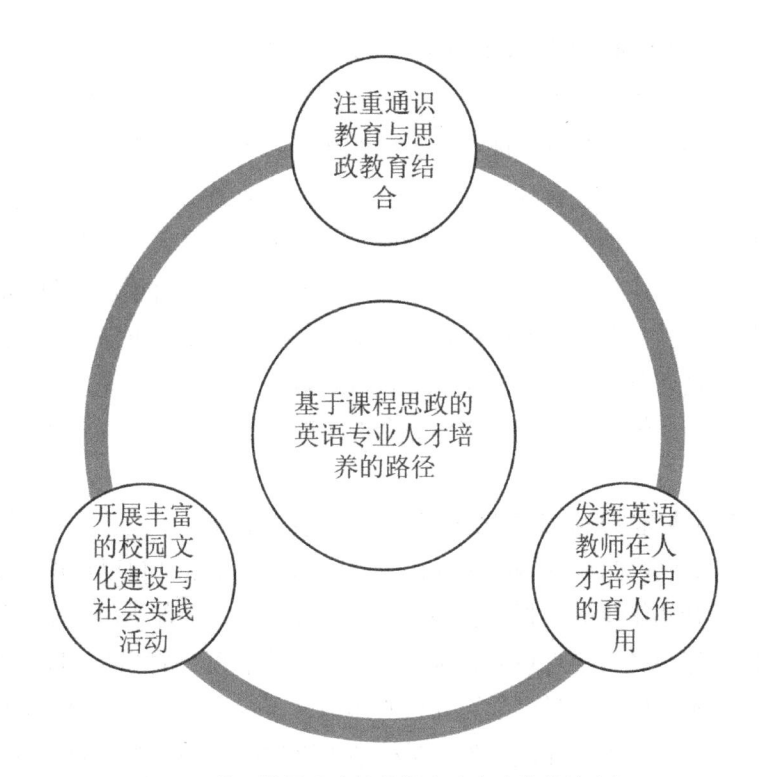

图 6-6 基于课程思政的英语专业人才培养的路径

然而，思想政治教育最主要的内容是借助理论课程提升学生的思想素质和政治素质，让学生保持科学合理的世界观、人生观和价值观。通识教育可以让学生把各个领域的知识融合到一起，得到更多层次的影响与训练，充实学生自身的知识架构，让其变成一个完整而独立的人。

通识教育与思想政治教育之间的关系是和谐统一的、辩证的。所以，英语专业能依靠国际化教育的优点，将思想政治教育作为基础，与此同时，学习和借鉴国外通识教育的先进理念与方法，把通识教育与思想政治教育结合起来，推动学生的全方面发展。从外语专业的思想政治教育的授课情况和设置情况来说，教学内容和讲课方法的相关意见学生反馈得比较多。传统的教学方法是教师把知识灌输给学生，而忽略了学生的主体作用，因此，任课教师需要根据实际情况来调整课程内容，同时借助实际的生活例子提升教学的趣味性。人们将教学模式中的讨论模式引入教学，让学生成为课堂中的主体。

学校可以适当开设一些通识教育课程，比如各个国家的文艺鉴赏等，提升学生鉴赏各个国家人文科学的素养。

### 2. 发挥英语教师在人才培养中的育人作用

韩愈在《师说》中有云："师者，所以传道授业解惑也。"这句话很好地概括了教师的基本任务，即"育人"。教育的本质在于人格的塑造，使学生的心智朝着健康、完善的方向发展。所以，专业教师要走出教师的职责只在传授科学文化知识、培训学生技能技巧的误区，更加注重育人。

外语教师要具有"以人为本"的理念。教师要增强自身的使命感和责任感，把"寓教育于教学"作为自己工作的一部分；其次，要注重与学生之间的情感交流，通过课堂互动及时发现学生在政治方向、思想观念等意识层面上的问题，重视学生情感、兴趣、信念等个性素质以及社会责任感和社会适应能力的培养。

### 3. 开展丰富的校园文化建设与社会实践活动

英语专业以高素质的国际化外语人才的培养为中心，可以借助多姿多彩的校园活动开拓学生的视野，提高学生的精神境界，完善学生的个性发展。学校可以把思政教育融入校内各种活动中，如外语角、学术讲座以及外文演讲比赛等，不仅能提高学生学习外语的热情，还能让学生在活动中强化自信以及思考问题的能力。除此之外，学校还可以组织一些主题鲜明的活动，如在革命历史纪念日进养老院和社区做公益活动，加强大学生热爱祖国的情感和对社会的责任感。同时，学校举办各种活动有助于提高学生和外界合作与沟通的能力，强化学生的集体荣誉感以及合作的精神。这些都体现了外语专业独特的精神风貌。

总而言之，学校在培养外语专业人才时，不仅要重视学生的创造性思维能力、语言能力以及信息的选择能力和处理能力，更要注重培养学生的思想政治素养。成为一个合格的国际化人才要具备多方面能力，不仅要具备高水平的外语专业技能，更需要有崇高的道德品质等。唯有如此，一个人只有成为真正的专业外语人才，才能承担起祖国的重担。外语专业可以把外语教学的特殊作用充分发挥出来，将语言教育视为核心，以传统的政治思想素质教育的模式为前提开展合理的尝试与突破，为国家培养越来越多的复合型的、素质高的、思想过硬的国际化专业外语人才。

# 参考文献

[1] 陈洁.基于微课的大学英语教学策略研究[J].校园英语，2022（3）：12.

[2] 陈思孜.多元文化视域下高校英语教学理论与有效方法研究[J].科教导刊（上旬），2021（3）：233.

[3] 郭坤，田成泉.高校英语生态教学环境的优化[J].教育理论与实践，2016，36（24）：56.

[4] 韩宪武.新时期高校高专英语有效教学策略初探[J].湖北科技学院学报，2013，33（3）：102.

[5] 何雅媚.复合型英语专业人才培养策略研究[J].边疆经济与文化，2007（2）：150-152.

[6] 黄颖，华赢.新文科建设背景下英语专业复合型人才培养探究[J].西部素质教育，2022，8（13）：90.

[7] 江琳.高校英语课程体系的"个性化"构建[J].福建江夏学院学报，2022，12（1）：103.

[8] 李红霞.高校英语教学研究[M].天津：天津科学技术出版社，2017.

[9] 李园园.商务英语教学与人才培养研究[M].西安：世界图书出版西安有限公司，2018.

[10] 梁娟.新时代英语教学应注重学科素养[J].英语画刊(高中版)，2020（30）：123.

[11] 廖武全.高校英语教学课堂互动探析[J].山西青年，2021（12）：63-64.

[12] 刘梅，彭慧，仝丹.多元文化理念与英语教学研究[M].延吉：延边大学出版社，2018.

[13] 刘重霄，李孟华，张潇潭.大学英语课堂教学模式的调查研究[J].外语电化教学，2016（4）：15.

[14] 吕文丽，庞志芬，赵欣敏.信息化时代下的大学英语教学改革探索[M].

长春：吉林大学出版社，2018．

[15] 马景哲．高校英语教学如何提升学生的交际能力[J]．英语广场（下旬刊），2022（2）：89-91．

[16] 马丽．高校英语教学目标中读听写的关系研究[J]．新教育时代电子杂志（教师版），2017（3）：33．

[17] 聂荧彬．跨文化交际在高校英语教学中的渗透刍探[J]．成才之路，2022（14）：106-108．

[18] 宁强．应用型本科院校英语专业复合型人才培养模式探析[J]．辽宁科技学院学报，2012，14（4）：76-77，3．

[19] 彭杰，刘晓庆．高校英语课程教学问题探析[J]．读与写（教育教学刊），2019，16（11）：17．

[20] 王丹丹．新时代高校大学英语"课程思政"研究[D]．合肥：安徽农业大学，2019：12．

[21] 王桂祥．基于信息化的高校英语阅读教学探索[J]．中国成人教育，2014（19）：185．

[22] 王璐．高校英语交际教学模式浅谈[J]．西部素质教育，2017，3（22）：184．

[23] 魏丽珍，张兴国．高校英语教学的生态特性及教学定位探究[J]．环境工程，2022，40（2）：2．

[24] 杨柳．基于学科核心素养的大学英语专业人才培养模式研究[D]．重庆：重庆大学，2018：4．

[25] 杨妍．现代信息化技术对高校英语教育教学的影响研究[J]．中国电化教育，2022（6）：134．

[26] 袁园．信息化背景下大学英语混合式教学模式的研究[J]．英语广场，2021（34）：97．

[27] 张磊．高校商务英语人才培养研究[M]．北京：现代出版社，2019．

[28] 张美荻．英语语言学教学方法研究[J]．教育现代化，2017，4（39）：193．

[29] 周洵瑛，范谊．英语专业复合型人才培养目标内涵与层次定位[J]．外语界，2010（4）：40．

[30] 朱金燕．高校英语教学改革探索[M]．武汉：中国地质大学出版社，2018．

[31] 关建凯．浅谈职高英语听力教学[J]．现代农村科技，2022（6）：84．